本书系沈阳市社科联 2025 年度英雄城市塑造专项课题（syyxcs202501）研究成果

47 万封书信解码雷锋精神

英明　田鹏颖　著

辽宁人民出版社

© 英明　田鹏颖　2025

图书在版编目（CIP）数据

尺素心声：47万封书信解码雷锋精神 / 英明，田鹏颖著. -- 沈阳：辽宁人民出版社，2025.5. -- ISBN 978-7-205-11488-6

Ⅰ. D64

中国国家版本馆 CIP 数据核字第 2025FA2911 号

出版发行：辽宁人民出版社

　　　　　地址：沈阳市和平区十一纬路 25 号　邮编：110003

　　　　　电话：024-23284321（邮　购）　024-23284324（发行部）

　　　　　http://www.lnpph.com.cn

印　　刷：辽宁新华印务有限公司

幅面尺寸：145mm × 210mm

印　　张：7

字　　数：180千字

出版时间：2025 年 5 月第 1 版

印刷时间：2025 年 5 月第 1 次印刷

责任编辑：阎伟萍　孙　雯

装帧设计：澄意·豆豆

责任校对：冯　莹

书　　号：ISBN 978-7-205-11488-6

定　　价：58.00元

序言

当一封封书信穿越时空，跨越国界，带着满满的情感与思念，最终汇聚成一股温暖的洪流时，我们才真正明白，雷锋精神不仅是个人的崇高追求，更是人类共同的情感纽带。雷锋，一个普通的士兵，因其无私与奉献，成为一种精神的象征和一个时代的符号。雷锋精神，是中国共产党人精神谱系的重要内容，是社会主义核心价值观的生动体现，已然成为全人类的道德文明形态。

从毛泽东同志题词"向雷锋同志学习"，到习近平总书记对深入开展学雷锋活动做出重要指示"雷锋精神永不过时"，半个多世纪以来"雷锋班"持续收到了来自世界各地的47万余封书信。这47万余封书信跨越国界，超越种族，涵盖各行各业，囊括各类群体，生动记载了60多年来人民群众学习雷锋精神的历史进程和伟大实践。这些书信生动地展现了雷锋精神在不同历史背景下的演变与传承，与雷锋日记、雷锋事迹、雷锋遗物相互印证、相互补充，共同绘制了一幅反映雷锋精神传承与发展的画卷。当我们小心翼翼翻开这些信件，仔细深入阅读时，仿佛能感受到那些来自五湖四海的声音，它们汇聚成一曲对雷锋精神的颂歌，传递出助人为乐与无私奉献的永恒力量。

本书正是基于这47万余封书信的宝贵资料，以习近平新时代中国特色社会主义思想，特别是习近平总书记关于雷锋精神的重要论述为指导，用生动、鲜活、通俗易懂的文学语言，向读者展现雷锋精神永恒的壮丽图景。

我们用书信穿起了一个个故事，穿越时空的阻隔，让雷锋精神的生命逻辑与历史伟力跃然纸上。其中有一封来自某部队井通连共青团支部全体同志的信，他们在信中深情地写道："大家都认为雷锋同志永远活着，活在你们班里，因为雷锋精神还活在你们班，他也活在我们之中和青年群众中间。"这样的"独白"与"诉说"，穿越时空，让读者在字里行间感受到雷锋精神的鲜活生命力。通过这封书信，我们得以窥见致信人如何将雷锋精神融入日常生活、化作经常的行为。他们自我反省，觉得与雷锋同志光荣的一生相差甚远，但并未因此气馁，而是找到了前进的方向："虽然起点不一样，但是决定因素是主观努力。"这种思想、意志、理想与情感表达的变化轨迹，正是雷锋精神在个体生命中生根发芽、开花结果的生动写照。

这种将深度文学创作与事实叙述相结合的方式，揣摩了致信人的思想变化轨迹，揭示了社会环境如何影响人民群众对雷锋精神的理解、认同、传承与弘扬。我们希望以生动的文学语言对书信进行深度剖析，揭示其背后的思想内涵与情感价值，让读者在回答历史之问、时代之问、人民之问中，体会雷锋精神何以永恒的独特贡献。

本书不仅是一部关于雷锋精神的通俗读物，更是一部探讨人类道德文明建设成功实践的文学作品；不仅是一本关于雷锋的书，也是一本关于人类共同道德追求的书。它用通俗的话语叙述致信人的"心灵诉说"，深入探究雷锋精神何以成为社会主义核心价值观的承载体；它用事实说话，以情感动人，让广大读者在思想与情感上形成共鸣；它用"尺素心声"撬动心灵、塑造灵魂，让雷锋精神在广大人民群众中蔚然成风。

让我们一同翻开这本穿越时空的信笺集，感受那份来自心底的温暖与力量，感受雷锋精神的永恒魅力，让我们共同播下雷锋精神的火种，把雷锋精神代代传承下去，让雷锋精神在人民群众中蔚然成风。新时代新征程，我们继续传承、弘扬、光大雷锋精神，共同书写人类道德文明史上的新篇章！

目录

导言

　　半个多世纪以来，世界各地人民群众不断给"雷锋班"写信。雷锋旅雷锋纪念馆将世界各地的雷锋来信一一整理，精心保存，如今总计超过47万封。这些来信时间跨度长、写信人涉及群体广、内容涵盖丰富，且在不同年代特点各异。它们如同璀璨星辰，照亮了雷锋精神的不朽之路。这47万余封信函作为弥足珍贵的历史资料，见证了雷锋精神作为中国共产党人精神谱系中的花朵，并没有因时代变迁而失色，反而丰富着人类精神文明的新形态，也进一步证明了雷锋精神可以跨越时空，历久弥新。

书信再现

书信，一直是人们表达情感、传递信息的重要方式。

矗立在雷锋纪念馆二楼东侧的玻璃展柜，排列整齐的一排排铁制档案柜，装满了各式各样的信函。柜子里面有急需帮助的"鸡毛信"，有需要破译的"盲文信"，也有漂洋过海的"国际信"。它们厚度不同，形式各异，有着鲜明的年代印迹，有用16开纸写满了100多页、分装在6个信封里的长信，也有仅写下一两句话、表达对雷锋精神的认识和自己决心的短信。

这些致"雷锋班"的信件，有的简短有力，表达着对雷锋精神的追随与向往；有的则洋洋洒洒，满载着对弘扬雷锋精神的思考与建议。它们虽形态各异，却共同传递着一个声音：雷锋精神，是时代所需、人民所盼。

面对如此庞大的书信资料，我们对它们进行了数字化整理与研究。首先对书信史料进行深度挖掘，通过计量史学方法分析书信的数量、频率、来源、角度等，以揭示雷锋精神的演进趋势和产生规律。再运用大数据分析技术，对书信的内容、结构、要素、价值等进行全面剖析，以更深入地理解雷锋精神的世界意义。此外，还通过寻访致信人、回信人、邮递员等，探访书信背后的故事，还原历史真相，再现真实场景。

这 47 万余封书信，如同一部活生生的历史，记录了人们对雷锋精神的敬仰、呼唤与认同。它们真实地反映了雷锋精神在不同年代的特点与风貌，展现了雷锋精神在不同群体中传承的历史记忆。

在这些书信中，我们可以看到雷锋精神的多种体现。如无私奉献：人们通过书信向"雷锋班"表达自己对社会的关爱与付出，愿意像雷锋一样，用自己的力量去帮助他人，为社会做出贡献；艰苦奋斗：这些书信的作者在面对困难和挑战时，都选择了像雷锋一样，不畏艰难，勇往直前，用自己的努力改变命运；钉子精神：即做事要钻研、要深入、要持之以恒，许多人将这种精神应用到自己的学习和工作中，不断追求进步、超越自我；助人为乐：许多致信人都表达了自己在帮助他人后获得的快乐与满足，他们愿意将这种快乐传递给更多的人，让更多的人感受到雷锋精神的力量。

历史再现

在整理书信资料的过程中，我们发现，这 47 万余封来信贯穿于中国共产党的三个历史时期，从社会主义革命和建设时期到改革开放和社会主义现代化建设新时期，再到中国特色社会主义新时代，反映出不同历史时期人们对雷锋精神的关注与认同，也揭示了雷锋精神在不同时代背景下所展现出的内涵与特质。

社会主义革命和建设时期

在这个时期主要是雷锋精神的初步形成与广泛传播。自毛泽东同志于 1963 年 3 月 5 日题词"向雷锋同志学习"以来，雷锋精神便如同一股清新的春风，吹遍了神州大地。在这个重要时期，人们对雷锋精神的敬仰与追随，完全体现在了一封封饱含深情的书信中。这些信件来自社会各界，有的来自工人、农民，有的来自学生、解放军战士，表达的都是对雷锋精神的崇敬之情和向他学习的决心。

雷锋牺牲后的第二年，一封来自吉林省通榆县北庆小学少先队员的信函寄到了"雷锋班"。信中，孩子们表达了对雷锋叔叔牺牲的悲痛与惋惜，同时决定召开学习雷锋叔叔报告会，邀请"雷锋班"的班长作为校外的名誉大队辅导员。从那时起，"雷锋班"便接过了老班长手中的枪，成为全国400多所中小学的校外辅导员。半个多世纪过去了，"雷锋班"的班长们换了一茬又一茬，但他们始终坚守在传播雷锋精神的道路上，用爱与责任滋润着孩子们的心田。

改革开放和社会主义现代化建设新时期

随着改革开放的深入和社会主义现代化建设的推进，雷锋精神在广大人民群众中得到了进一步的深化与拓展。这一时期的书信，不仅表现出当时人民如何学习雷锋精神，也开始探讨如何将雷锋精神与现实生活相结合，推动社会的进步与发展。

著名指挥家聂中明在信中写道："雷锋精神就像一个不休止的音符，贯穿在我们的工作、学习、生活之中。"这不仅是聂中明个人的感受，也是无数人对雷锋精神的共同认知。一封信函连接一个故事，每一个故事都闪耀着雷锋精神的光芒。

1997年，一封署名为"谢雷"的挂号信送到了"雷锋班"。信中，一个曾受到"雷锋班"帮助的人表达了自己的忏悔与感激。她曾因一时贪念骗取了"雷锋班"战士的帮助，但在看到关于"雷锋班"的报道后，良心备受谴责，最终决定寄回钱款并表达歉意。这个故事，不仅见证了"雷锋班"战士的善良与宽容，更彰显了雷锋精神在人们心中的力量。

中国特色社会主义新时代

由于互联网的普及和信息技术的发展，人与人之间的沟通与互动变得更加便捷与多元。与过去相比，来信的数量有所减少，但人们对雷锋精神的敬仰与追随却从未改变。雷锋精神反而在这个时期焕发了新生并得到更加广泛的弘扬。

新时代的书信中，"新时代""中国特色社会主义""榜样""道路""伟大复兴""奉献""传承"等成为高频词。这些词语不仅彰显了雷锋精神在新时代的强大生命力与影响力，更体现了人民群众对雷锋精神的高度认同与积极践行。

而面对新时代的挑战与机遇，"雷锋班"不断创新传播雷锋精神的方式方法。他们推出了"善淘箱"、数字化大礼包和"向雷锋学习"微信公众号等新"三件宝"。"善淘箱"面向全社会收集闲置衣物，为偏远山区和灾区的困难群众送去温暖；数字化大礼包则通过光盘等形式记录并传播"雷锋班"战士学习雷锋的光辉历程；而"向雷锋学习"微信公众号则利用互联网平台，开设了多个栏目，让人们通过多种形式走近雷锋、了解雷锋、传承雷锋精神。新"三件宝"丰富了雷锋精神的传播方式，让雷锋精神在新时代焕发出更加璀璨的光芒。

"雷锋班"的第 27 任班长牟振华表示："一个时代有一个时代的特点，新时代学雷锋要与时俱进。"尽管通信方式在不断变化，但人们对雷锋精神的敬仰与追随却始终如一。无论是通过写信、回信还是通过微信公众号留言互动，不变的是对雷锋精神的弘扬与传递。

所以我们才能看到，在江苏省无锡市通德桥实验小学，40多年来，尽管学生们毕业了一届又一届，但给"雷锋班"写信的传统却从未改变。"雷锋就像一粒金色、饱满的种子，落在校园里，扎根在孩子们的心中。"这些信件，不仅是对雷锋精神的敬仰与追随，更是孩子们纯真心灵的写照。

现如今，这47万余封书信将雷锋精神在不同历史时期的特点与风貌生动地呈现在我们面前，让我们看到了雷锋精神在中国大地生根、发芽、开花、结果的演进过程。

重大价值

这 47 万余封书信与雷锋日记相互印证，共同构成了雷锋精神的重要载体。这些书信记录了人民群众学习雷锋活动的历史轨迹和雷锋精神在不同群体中传承的历史记忆。通过对这些书信的研究和分析，我们可以更深入地了解雷锋精神的形成、发展和演进过程。

这些信函还为雷锋精神研究提供了新的史料和视角，打破了以往以雷锋日记、雷锋事迹等为主要研究资料的历史局限，为雷锋精神研究开拓了新的领域和方向。

通过对这些书信的研究和分析，我们可以更深入地揭示雷锋精神产生的规律、演进趋势以及其在不同历史时期所发挥的重要作用。这有助于我们深化对雷锋精神的理论认识和理解并推动其在新时代的传承与发展。同时，通过对它们的研究和宣传，我们可以更好地弘扬红色文化、传承红色基因，让更多的人了解和认同雷锋精神并愿意为之奋斗终生。雷锋精神作为中华民族精神宝库中的瑰宝，具有强大的凝聚力和感召力。通过对这些书信的研究和分析，我们可以更好地挖掘和弘扬雷锋精神的内涵和价值，并将其转化为推动社会进步和发展的重要力量。

从个体到群众的主体演进

从最初的个体敬仰与学习到后来的群体传承与弘扬，雷锋精神在人民群众中实现了从个体到群众的主体演进。这一演进过程不仅体现在书信的数量上，更体现在书信的内容与高度上。从最初的简单表达敬仰之情，到后来的深入探讨雷锋精神的内涵与外延，人民群众对雷锋精神的认知与理解不断深化。

在"雷锋班"收到的信件中，不仅有来自个人的感谢信、赞美信，还有来自医院、学校、银行等各类社会组织的联名信。这些信件不仅表达了对雷锋精神的敬仰与学习之情，更展现了各行各业在雷锋精神引领下所取得的成就与变化。

从中国到世界的地域演进

雷锋精神不仅在国内得到了广泛传播与认同，还跨越国界，赢得了国际友人的赞誉与敬仰。这一地域演进过程不仅体现在书信的来源上，更体现在书信的内容与影响上。从最初的国内信件为主，到后来国际信件的逐渐增加，雷锋精神的影响力不断扩大。

2011年，一封来自英国的信件辗转寄到了"雷锋班"。79岁的李艺·布鲁诺女士在信中表达了对雷锋精神的渴望与向往。她通过阅读关于中国名人的书籍，对雷锋精神产生了浓厚兴趣，并希望与雷锋生前所在部队建立联系，共同推动雷锋精神

的国际传播。这是国际友人对雷锋精神的认同与敬仰，充分说明了雷锋精神在全球范围内的广泛影响力。

从历史到现实的时空演进

从社会主义革命和建设时期到中国特色社会主义新时代，雷锋精神在不同历史时期都展现出了独特的魅力与价值。这一时空演进过程不仅体现在书信的时代背景上，更体现在书信所反映的社会变迁与人民需求上。随着时代的不断发展与社会的不断进步，雷锋精神在人民群众中的传承与发扬也在不断深化与拓展。

中国邮政投递员张立涛每天早上 8 点准时到岗，整理信件、盖上邮戳，每逢 3 月信件都会格外多，打包，装车，送信，20 多年来，每一封邮寄给"雷锋班"的信件，都会经过他的手中。

2022 年 3 月 5 日，张立涛像往常一样一边处理着手中的来信，一边说："今天来信不少呢，小刘，有湖北的、山东的，还有西藏的。"他娴熟地拎着两捆书信，驾上绿色邮递车，向"雷锋班"飞驰而去。

面对辽宁电视台郭记者的采访，他说："只要写雷锋收，我们都能送到，有的时候包括贺卡，我都特意看一看，心里特别感慨，这么多年，在每一个角落，在不同的岁数，包括孩子还有老人，以不同方式缅怀纪念雷锋的时候，我们都特别感慨，尤其我还是军人，我能在雷锋生前战斗过的地方为他们服务，我觉得特别自豪。"

郭记者说："张立涛送了 15 年信，而在雷锋同志牺牲的 60

年，'雷锋班'收到了来自世界各地的 47 万多封来信，其中还有鸡毛信、盲文信、外文信，每一封信都有一段故事……"

60 多年来，"雷锋班"每天都要收到大量来信，最多的时候甚至要用麻袋装。

"雷锋班"第 26 任班长张阳说："最多的一天收到了 528 封信，最长的信写了 128 页。这些信除了来自全国各地，还有大量国外的信件，无论这些信从哪里寄来，有没有详细的地址，只要有'雷锋'这两个字，就能准确地送到'雷锋班'。"

从军人到教师，从医生到环卫工人，从小学生到退休的老人，人们用最传统的方式，向雷锋传递祝福、诉说心事、寻求帮助。"雷锋班"的战士们会集体认真阅读，向有需要的来信人回信。

从现象到本质的主题演进

从最初的简单敬仰与学习现象，到后来的深入探讨雷锋精神本质与内涵的主题演进过程，人民群众对雷锋精神的认知与理解不断深化。他们开始从更深层次上探讨雷锋精神的价值与意义，并将其与现实生活相结合，推动社会的进步与发展。越来越多的人开始提出将雷锋精神转化为具体行动的重要性；更有专家和学者开始探讨雷锋精神在新时代背景下的新内涵与新特质。这些探讨不仅深化了人民群众对雷锋精神的认知与理解，更为人们在新时代背景下践行雷锋精神提供了有力指导。

47 万余封致"雷锋班"的书信，是穿越时空的精神纽带，

是中国人民传承与弘扬雷锋精神的生动写照。它们不仅记录了人们对雷锋精神的敬仰与追随，也见证了时代的变迁与社会的进步。

作为新时代的学者，我们有责任和义务去珍视这份宝贵的精神财富，以更加坚定的信念与行动去传承与弘扬雷锋精神，这也正是我们出版《尺素心声——47 万封书信解码雷锋精神》一书的初衷。雷锋精神，人人可学；奉献爱心，处处可为。新时代新征程，让我们在人类道德文明大道上，把雷锋精神代代传承下去，推动雷锋精神在人民群众特别是青少年中蔚然成风，为实现中华民族伟大复兴的中国梦贡献自己的力量！

第一章
心灵的触动

　　在充斥着快节奏的短消息与即时聊天软件的今天，手写的书信显得越发珍贵。就像这47万余封承载着个人情感与思考的书信，它们铭刻着爱与关怀的印记，穿越时光，汇聚成一条温暖的河流。每一封信背后都有一个故事，那是发信人在某个静谧时刻倾诉心声的瞬间。他们用朴素而真诚的言辞，表达对生活的热爱、对他人的关怀以及对理想的追求。

　　想象一下，一张简单的书桌前，烛光虽微弱，致信人的笔尖在纸上游走的声音却是那么的清晰。每一个字都是致信人情感的凝聚和梦想的载体。在这些书信中，青少年怀揣着对未来的憧憬，教师传递着对教育的热情，工人记录着生活中的点滴与感动，借此表达对雷锋精神的敬仰，并渴望将雷锋无私奉献的精神融入自己的生活。

　　这些故事不单是个人的叙述，更是人们内心深处对美好生活的共同向往。在书信中，每一个情感的细节都在提醒我们，生活的意义并不在于物质的积累，而在于精神的滋养、心灵的交流，以及情感的传递。雷锋精神，正是在这种无形的情感共鸣中不断发扬光大，激励着一代又一代人去关心他人，付出爱心。通过这些触动心灵的文字，我们将发现，原来爱与关怀一直在我们身边，等待着被发现与传递。

大爱的传递

我是××部队的一名战士，我入伍时间不长，但是我
在部队的革命大家庭里，得到了党的忠心培养和同志们的
热心帮助，使我由一个普通的知识青年逐渐锻炼成为一个
革命战士。

——1963 年 2 月某部队李战士写给"雷锋班"的信

1963 年 2 月，"雷锋班"收到了某部队李战士的这封饱含深
情与决心的信件。此时，全国上下虽尚未全面铺开那场轰轰烈
烈的学雷锋运动，但雷锋同志的英名与他的精神，已如春雷般
在无数人心中炸响，激荡起层层涟漪。

1962 年 8 月，年仅 22 岁的雷锋在执行运输任务时不幸殉
职，永远地离开了我们。他的离去，留给世人无尽的哀思。然

而，他为人民服务、无私奉献的精神从此便深深扎根于每一个人的心中，铸就了永恒的精神丰碑——雷锋精神。它如同一股清泉，滋养着每一个渴望成长与奉献的心灵。随着雷锋的逝去，社会上掀起了一股学习雷锋的热潮，这股潮流迅速蔓延，影响了全国各地的每一个角落。

1963年1月7日，国防部批准授予雷锋生前所在的四班为"雷锋班"。2月23日，共青团中央发布决定，追认雷锋为全国优秀少先队辅导员。3月5日，《人民日报》发表毛泽东的题词后，又发表了刘少奇、周恩来、朱德、邓小平的题词。周恩来的题词是："向雷锋同志学习憎爱分明的阶级立场，言行一致的革命精神，公而忘私的共产主义风格，奋不顾身的无产阶级斗志。"解放军总政治部、团中央和全国总工会也分别发出通知，号召广泛开展学习雷锋的活动。

全国各地的工厂、农村、机关单位也掀起了学习雷锋的热潮。工人们在工作中相互帮助，主动解决生产中的问题，形成了良好的集体氛围。在农村，农民们在田间地头互相帮助，分享经验，团结一致，共同推动生产的发展。学校和各类组织的志愿活动，也让更多人参与其中，形成了文明、和谐的社会风气。为了促进这一运动的持续发展，各地还开展了"学雷锋周"等系列活动。在这个时期，许多地方都开展了"学雷锋模范"的评比活动，表彰在助人为乐、无私奉献方面做出突出贡献的个人和集体。这样的活动不仅鼓励了更多的人加入学习雷锋的行列中来，更让雷锋精神在社会的各个层面生根发芽。

雷锋因公殉职后，在全国掀起的这场学习雷锋精神的运动不仅激励着无数年轻人树立崇高的理想和信念，更为整个社会注入了新的活力与温暖。雷锋精神成为全国人民心中永恒的灯塔，照亮了无数人追求理想、服务社会的道路。李战士正是受到了这样的感召，写来这样一封表达决心的信。

他在信中讲述了自己作为一名新战士的心路历程，感慨入伍以来，得到了党的培养和战友们的热心帮助。他深情地写道："自踏入军营以来，我深刻感受到了党的温暖与战友们的无私帮助，这些经历让我从一个普通的知识青年，逐渐成长为一名能够肩负起革命重任的战士。"在全军都在积极学习伟大的革命烈士雷锋同志英雄事迹的活动中，他深刻领悟到了雷锋精神的真谛。可以说，这封信记录的是一个普通战士如何在雷锋精神感召下逐渐成长为一名革命战士的故事。

信中提到"决心不断改造自己，提高思想觉悟"，李战士深刻认识到，学习雷锋精神不仅仅是口号，更要落实到日常生活中的每一个细节，而他作为新时代的革命战士，一定要发扬雷锋同志的精神，努力成为"永不生锈的螺丝钉"，在平凡的岗位上发光发热。

在信中，他坦诚地反思自己，认为与雷锋相比，自己做得仍然不够好，辜负了党对自己的培养。他意识到，雷锋只专注于为党和人民服务，而自己常常围绕"我"字转，正是这种自我中心的思维限制了他的成长。通过学习雷锋精神，他下定决心不断改造自己，提高思想觉悟，努力成为一个无产阶级革命

战士，为党的革命事业贡献力量。

在信的结尾，李战士满怀深情地向部队表达了自己的期望："我希望我们每一位战友都能继续努力，保持并发扬我们部队的光荣传统，让雷锋精神在我们中间薪火相传，生生不息。"这份期望，不仅是他个人的心声，更是对全体官兵共同的期许与激励。

这位朴实无华的年轻战士，在入伍不久后便感受到来自组织的温暖与同志们的支持，这让他对未来充满信心与希望。李战士是千千万万学习雷锋、践行雷锋精神的年轻战士的缩影。他们用自己的实际行动，诠释着雷锋精神的深刻内涵，为后人树立了光辉的榜样。

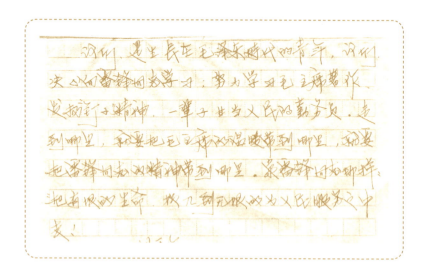

我们决心向雷锋同志学习；努力学习毛主席著作，发扬钉子精神，一辈子甘当人民的勤务员。走到哪里，就要把毛主席的温暖带到哪里，就要把雷锋同志的精神带到哪里。像雷锋同志那样：把有限的生命投入到无限的为人民服务之中去！

——1973年3月广东省广州市四十七中学高二六班雷锋小组第二组写给"雷锋班"的信

1973年，正是毛泽东主席发表"向雷锋同志学习"10周年纪念，这一纪念活动进一步推动了学习雷锋行动的发展。这一年，中国共产党第十次全国代表大会在北京举行，在这样的政治背景下，学习雷锋的行动得到了更广泛的推广和深化。这一年，中国的国民经济在经历了一段时间的动荡后，开始逐渐恢复和发展。工农业总产值比上年增长9.2%，其中工业总产值增长9.5%，农业总产值增长8.4%。在这一经济恢复与发展的背景下，学习雷锋的行动为经济建设提供了强大的精神动力。这一年，袁隆平的团队首次成功培育出强优势籼型杂交水稻，这一技术在全球范围内处于领先地位，被誉为水稻生产的"第二次绿色革命"。由此，中国向世界自豪地宣告：中国人不仅能够自给自足，更能为全球粮食问题的解决贡献力量。

在文化领域，学习雷锋不仅体现在文艺作品的创作中，还体现在人们的日常生活中。人们通过歌唱雷锋歌曲、观看雷锋电影、阅读雷锋日记等方式，深入了解雷锋的事迹和精神品质，并将其内化为自己的行为准则。这种文化上的传承和发扬，使得雷锋精神深入人心，成为当时社会的一种主流价值观。在这样的历史背景下，来自广州市四十七中学高二六班雷锋小组第二组所写的信件，传递出青年对理想的渴望与对社会责任的坚定追求。

雷锋是无私奉献的楷模，他的事迹已经成为青年学生心中崇高理想的象征。信中提到"平凡伟大的共产主义战士雷锋"，反映了当时社会对英雄人物的崇拜与追求。雷锋的一生，尤其是他在艰苦岁月中所展现出的坚韧与无私，成为青年一代努力追寻的典范。

雷锋在自己1961年的一篇日记中提道："我要像松树那样，不怕风吹雨打、严寒冰雪，四季常青；我要像柳树一样，插到哪里都能活，紧紧与人民连在一起，在人民中生根、长大、结果，做人民最忠实的勤务员。"而他在生活和工作中也确实做到了"言行一致，表里如一"。他的"甘当人民的勤务员"这面闪亮的旗帜，指引着无数年轻人在理想与信仰的道路上前行。

信中细致描绘了雷锋的生活经历，尤其是他在旧社会承受的苦难。然而，正是这段艰辛的经历，让雷锋在新社会中如凤凰涅槃，化为无私奉献的光辉。这种情感的深邃与复杂，折射出那个时代人们对苦难的深刻认知与对未来的无尽期望。雷锋的人生短暂却如流星般闪耀，他的精神在青春的笔触中，仿佛再度复活，令人动容。

信中自豪地提到，"雷锋班"的战友们继承了雷锋的使命，昂首阔步地前进在英雄的道路上。足以看出，雷锋精神在每一个年轻的心灵中激荡，成为前行的不竭动力。信中流露出了汹涌澎湃的情感，再现了无数青年在继续革命的大道上奋勇前进的情景。面对动荡与变革，他们选择了雷锋作为榜样，选择了奉献与责任，这种勇气与坚定，正是那个时代青年的光辉特质。

尤其令人感动的是，信的末尾寄托了年轻人在时代洪流中追寻理想的坚定信念："把有限的生命投入到无限的为人民服务之中去！"这句充满理想主义色彩的话语，正是对时代精神的深切回应。在那个被理想与信仰照亮的时代，青年们渴望用自己的力量去改变世界，去传承雷锋精神，去点燃更多人的心灵之光。

透过这封信，我们不仅可以感受到当时年轻人在复杂历史背景下对理想与责任的深刻思考，更能领悟到他们对雷锋精神的热情与追随。他们在信中描绘的理想世界，正是对未来的美好憧憬。这封信不仅是那个时代广州青年的一次集体呐喊，更是对雷锋精神的深情礼赞与时代的真实写照。

您们是雷锋叔叔的战友是多么的光荣啊！我们是雷锋叔叔家乡的红领巾，决心向您们学习。现在我们学校正在开展学雷锋，树新风，争当"五美"少年的活动，为了把活动开展好，使我们受到更深的教育，我们中队的红领巾经过讨论，决定同雷锋班的叔叔们建立书信联系，请求您们给我们教育和帮助，请答应我们的请求吧。

　　您们是雷锋叔叔的战友，是多么的光荣啊！我们是雷锋叔叔家乡的红领巾，决心向您们学习。……我们中队的红领巾经过讨论，决定同雷锋班的叔叔们建立书信联系，请求您们给我们教育和帮助，请答应我们的请求吧。

　　——1981年3月湖南省益阳市桃花苍学校新52中队全体队员写给"雷锋班"的信

　　此时的中国正处于改革开放初期，国家的工作重心已经转移到社会主义现代化建设上来。在这一背景下，加强社会主义精神文明建设成为当务之急。同时，国内政治稳定，经济发展稳步前进，人民群众对美好生活的向往日益增强。在这样的社会氛围中，学习雷锋行动成为一种社会风尚，旨在通过弘扬雷锋精神，提升社会道德水平，推动社会进步。

　　1981年，全国总工会、共青团中央等9个单位联合向全国人民特别是青少年发出倡议，开展以"五讲四美"（讲文明、讲礼貌、讲卫生、讲秩序、讲道德；心灵美、语言美、行为美、环境美；后来又与"热爱祖国、热爱社会主义、热爱中国共产党"结合形成了人们所传诵的"五讲四美三热爱"经典口号）为主要内容的文明礼貌活动。这一活动与学习雷锋行动相结合，形成了一个统一的活动体系。各地纷纷响应号召，组织了各种形式的学雷锋活动。例如，团员青年们成立各种服务小组，利用业余时间为群众办实事、办好事；中小学生们也普遍开展了学雷锋、争当红花少年的活动。当时的媒体如《人民日报》、新华社等都对学雷锋活动进行了广泛的报道和宣传。这些报道不仅展示了学雷锋活动的成果和亮点，也激发了更多人的参与热情。

就在这一年，一封来自湖南一所小学的来信，承载着对雷锋精神的敬仰，传递出来自雷锋家乡人的温暖与感动。这封信是一群活泼可爱的"红领巾"写给"雷锋班"的。信纸上稚嫩的字迹书写着他们对雷锋精神的崇敬与向往。他们不仅是在写信，更是在传递希望和力量。

信的开头，孩子们用稚嫩的笔迹写道："敬爱的雷锋班的叔叔们：您们好！今天我们向您们敬献一条红领巾，表达我们红领巾对您们敬爱的一片心意，也表示我们对您们的亲切问候和慰问，请收下吧。"孩子们在信中讲述了他们在日常生活中如何践行雷锋精神的故事。字里行间透露出他们对雷锋精神的渴望，以及希望能把这份爱心传递得更远的心情。

孩子们在信中毫不掩饰对"雷锋班"的敬仰，写道："我们听说您们在部队里不仅训练刻苦，而且时刻践行雷锋叔叔的精神，帮助身边的人。我们也想在学校里做一个好孩子，帮助同学，关心老师，像雷锋叔叔那样把爱心传递给大家。"这纯真的情感犹如清晨的露珠，充满了朝气。

他们讲述了自己在校园内学习雷锋精神的点滴：在课间，他们会主动帮助同学整理书籍，参与义务劳动，清扫校园；他们甚至发起了"关爱小动物"的活动，鼓励大家一起保护学校

附近的小动物，传递爱与善良。这些小小的举动，让整个校园洋溢着温暖的气息。孩子们"希望通过这些行动，把雷锋叔叔的精神带到每一个角落，让更多的人感受到爱的力量"。

孩子们在信中写道："我们中队的红领巾经过讨论，决定同雷锋班的叔叔们建立书信联系，请求您们给我们教育和帮助，请答应我们的请求吧。"对于这些孩子来说，与部队建立书信联系，既能向英雄们学习，也能感受那份属于祖国的骄傲。在改革开放的背景下，国家对年青一代的期待越发强烈，孩子们的声音恰如其分地体现了这个时代的思想变革。

在信的结尾，孩子们郑重地写道："我们将把这份红领巾的精神传递下去，努力学习，争做新时代的好少年，像雷锋叔叔那样，把有限的生命投入到无限的为人民服务之中去！"这句誓言响彻在学校的每一个角落，激励着孩子们在成长的道路上追求卓越，勇于奉献。

> 虽然雷锋叔叔活了22岁，但永远不会被后人忘记，雷锋叔叔的精神永驻人们心中，我今后一定会向雷锋叔叔学习，做一个永不生锈的螺丝钉！

虽然雷锋叔叔活了 22 岁，但永远不会被后人忘记，雷锋叔叔的精神永驻人们心中，我今后一定会向雷锋叔叔学习，做一个永不生绣（锈）的螺丝钉！

——2017 年 7 月北京市雷锋小学李同学写给"雷锋旅"的信

到了新时代，学习雷锋行动不仅是对雷锋个人品质的纪念和传承，更是对社会主义核心价值观的践行和弘扬。而随着时代的发展，学习雷锋行动的形式和内容也在不断创新。例如，利用互联网平台开展线上志愿服务活动，通过社交媒体传播雷锋精神等。这些创新形式使得学习雷锋行动更加贴近群众、贴近生活、贴近实际。党和国家领导人多次就传承和弘扬雷锋精神做出重要指示，强调要深刻把握雷锋精神的时代内涵，让学雷锋活动融入日常、化作经常。这些指示为全社会特别是中小学生传承和发扬雷锋精神提供了根本遵循和行动指南。从这封北京市雷锋小学李同学写给"雷锋旅"的信中，我们不难看出这一点。

李同学这封信写于 2017 年 7 月。向"雷锋旅"致以敬意的信如同一股清新的风，展现了新时代少先队员对雷锋精神的深刻理解，是一次心灵的交流与共鸣。

信中，李同学以孩童特有的纯真，细数了雷锋温暖人心的故事。这不仅体现了孩子对雷锋叔叔高尚品格的敬意，更反映了年青一代对社会责任感与无私奉献精神的深刻认同与积极追求。通过这封信，李同学明确了自己前行的道路，也将雷锋精

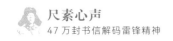
神的火种传递给更多人。

他开篇即言："在我们的成长道路上，你们是少先队员心中
最亮的星。"简短的话语饱含深情，流露出对雷锋精神的无限敬
仰与向往。孩子们在成长的旅途中，总渴望有灯塔指引方向，
而雷锋熠熠生辉的形象就是夜空中最亮的星，照亮了他们前行
的方向。

李同学还引用了雷锋的名言："人的生命是有限的，但为
人民服务是无限的。"这句话，让他深刻理解了雷锋精神的核
心——将个人的生命融入为人民服务的伟大事业中，实现生命
的无限价值。

可以说，在党和国家的号召下，新时代的中小学生正在以
特有的方式理解、学习、发扬、传承着雷锋精神。正如李同学
在信中所说的那样，他通过书籍的阅读、师长与亲人的讲述，
逐渐走进了雷锋叔叔的世界，那些英勇无畏、无私奉献的故
事，如同种子般在他心中生根发芽。特别是1960年洪水灾害
期间，雷锋不顾个人安危，毅然决然地投身抢险一线的英勇事
迹，更是让他深受感动。在信中，他生动地描绘了雷锋在抢险
中的感人瞬间："即便身体抱恙，雷锋叔叔依然忘却自我，与战
友并肩作战，挖溢洪道，直至手指磨破出血，也未曾停下手中
的工作。"这种对使命的坚守与无畏，深深地震撼了他的心灵，
让他对雷锋精神有了更加直观而深刻的理解。

李同学在信中深情地表示，雷锋叔叔虽然只活了22岁，但
他的精神却永远镌刻在人们心中。这正是新一代对雷锋不朽精

神的敬仰与传承的坚定信念。他郑重承诺："今后一定会向雷锋叔叔学习，做一个永不生锈的螺丝钉！"这份承诺，是他对社会责任感的深切认同与追求，也是他对个人理想的坚定信念。

这封信，也是对青少年价值观教育的有力见证。通过学习雷锋叔叔的事迹，李同学不仅增强了社会责任感，更为自己的成长奠定了坚实的道德基石。他深知，将雷锋精神内化于心、外化于行，是新时代少先队员应有的担当与使命。

这封信如同一面镜子，映照出新时代青少年对崇高理想与价值观的深刻认同与积极践行。它激励着更多年轻人以雷锋为榜样，将无私奉献的精神融入日常生活中，为实现中华民族伟大复兴的中国梦贡献自己的力量。愿雷锋精神在新时代继续发扬光大，照亮更多人前行的道路，引领一代又一代人不断追求卓越，共同书写新时代的辉煌篇章。

梦想的启航

我们每个同志都对自己估价了一番，觉得与雷锋同志光荣的一生相差很远。有时甚至因虚度了年华，而悔恨过去，但是都找到了前进的方向。

——1963年1月某部队某连共青团支部全体同志写给"雷锋班"的信

1962年8月，雷锋因公殉职后，他的先进事迹迅速传播开来。"雷锋班"是全国全军第一个用雷锋名字命名的学雷锋集体，成为学雷锋活动的一面旗帜。

"雷锋班"成立后，迅速在全国青年中产生了广泛而深远的影响。它不仅激发了广大青年的道德热情和奉献精神，还引领他们积极投身社会实践，以实际行动践行雷锋无私奉献、助人为乐的精神。在这个过程中，青年们深刻体会到了为人民服务、为社会贡献的价值和意义，增强了社会责任感和使命感。

同时，雷锋的事迹和精神也成为全国青年学习的榜样和标杆，激励着他们努力成为有理想、有道德、有文化、有纪律的新时代青年。这些影响还体现在整个社会的文明进步和和谐发展上，可以说，"雷锋班"的成立为推动社会风气改善和道德水平提升做出了重要贡献。

我们不妨看看上面这段选自 1963 年 1 月某部队共青团全体同志写给"雷锋班"的信中的话。这句深刻而富有诗意的话语，揭示了战士们在面对雷锋精神时的心路历程。青年们在学习雷锋同志的事迹时，心中充满了敬仰与自省交织的情绪。他们透过雷锋的事迹，清晰地看到了自身与这种崇高理想之间的距离，看到了自己的不足与缺憾。这种自我评价不是出于自卑，而是源于对理想的渴望和对自我提升的坚定追求。在这过程中，同志们坦诚地表达了因虚度年华而生的悔恨，带着对时间无情流逝的感慨，意识到每一分每一秒都是不可再生的珍贵。因此，这种悔恨转化为一剂强心针，激发了他们向前迈进的勇气。

在反思中，他们最终找到了照亮前行道路的明灯，决定不再被过去的阴影所束缚，而是把这些遗憾化作前进的动力。他们的心中燃起了新的希望，仿佛在寒冬中看见了一缕春光，找到了面对未来挑战的勇气。这种决心不仅是对雷锋精神的深刻理解，更是自我价值的重塑，展现出一种无畏无惧的勇气与信念。在这条追寻理想的道路上，他们携手并肩，踏出坚定的步伐，共同奔向更加光辉的明天，让雷锋精神在每个人心中生根

发芽，绽放出崭新的生命力。这种经历，既是他们个人成长的缩影，也是那个时代青年的共同心声，蕴含着深刻的情感与不屈的精神。

信中提道："大家都认为雷锋同志永远活着，活在你们班里，因为雷锋精神还活在你们班，他也活在我们之中和青年群众中间。"他们通过学习雷锋的生平事迹和日记，称被其"无产阶级革命精神和共产主义思想品德"所感动，这种感动转化为对自我价值的深刻反思和对未来道路的坚定信念。信中表示："我们也再想一想，应该怎样来写自己的历史，得到的结论也和雷锋同志一样：'我要永远保持自己历史鲜红的颜色。'"这种反思不仅展现了个体对自我价值的深刻认知，也体现了他们对理想和信念的坚定追求。

信中充满了对梦想的追求与对革命事业的忠诚。年轻的战士将"将自己的一生献给人类最壮丽的事业——共产主义"视为至高无上的理想，誓做一颗永不生锈的螺丝钉，这不仅是对雷锋精神的传承，也是个人梦想与革命理想融合的具体体现。他们认识到，虽然起点不同，但通过主观努力，每个人都可以成为毛主席的好战士，为共产主义事业贡献力量。

整封信中都流露着积极向上的竞争与协作精神。年轻的共青团员渴望通过不懈努力，追上甚至超越"雷锋班"的步伐。这种你追我赶的氛围，不仅是对雷锋精神的深入实践，也是革命队伍中团结互助、共同进步的真实写照。

一代又一代青年军人坚定共产主义信念，将个人梦想融入国家和民族的伟大事业之中。信中提道："虽然起点不一样，但是决定因素是主观努力。"这一句鼓励青年军人通过自身的努力，实现自己的价值，体现了奋斗的重要性。

信的最后部分，寄予了美好的期望："希望你们多介绍一些事例，让咱们共同携起手来，学习雷锋崇高的品质。"这正是革命队伍中团结互助、共同进步的真实写照，是集体荣誉感和使命感的充分体现。

在今天看来，这封信依然具有强大的生命力。它提醒我们，无论时代如何变迁，对梦想的追求、对事业的忠诚以及对自我完善的追求都是永恒的主题。

我们多么感谢您们日日夜夜不慰（畏）劳苦，守卫着祖国的边疆。保卫祖国的领土。现在我们年纪还小，没有什么好的礼物送给您们，只有听好毛主席的话"好好学习，天天向上"，学好本领，将来也要和您一样，做人民最可爱的人——中国人民解放军。

　　——1983 年 5 月胡世柚小学三年级学生白同学写给"雷锋班"的信

　　1983 年，是毛泽东题词"向雷锋同志学习"发表 20 周年。在首都各界纪念向雷锋同志学习 20 周年大会上，时任中共中央政治局委员胡乔木代表中共中央和国务院做了《做八十年代的雷锋》的讲话，对雷锋精神内涵进行总结性的概括，指出："雷锋精神就是共产主义精神，今天我们所说的雷锋精神已经成为雷锋和雷锋式的先进人物崇高理想和优秀品质的结晶，已经成为热爱祖国、热爱社会主义、热爱党，坚定共产主义信念，树立全心全意为人民服务的思想，发展人与人之间团结友爱互助的社会主义新型关系的象征。"

　　由此可见，在改革开放初期，雷锋精神仍然是社会主义道德规范的象征。当时全国上下开展了众多与雷锋精神相关的活动，包括各种形式的志愿服务、公益活动以及校园内的学习雷锋活动。这些活动对全国人民产生了深远的影响，其中以少年儿童为甚。雷锋的奉献精神、敬业精神等核心价值观与当时的社会环境相呼应，为少年儿童树立了榜样，激发了孩子们的爱国热情和社会责任感，使他们更加热爱祖国。同时，由于雷锋曾是解放军的一员，他的事迹也加深了孩子们对解放军的崇高形象的认知，增强了他们对军队的敬仰。

　　就像这封 1983 年 5 月胡世柚小学三年级学生白同学写给"雷锋班"的信，文字充满了孩子对即将到来的六一儿童节的期待，对祖国纯真而炽热的爱，以及对未来美好生活的憧憬。这些都体现了当时的少年儿童对祖国的深厚热爱和对人民解放军的崇敬，展现了那个时代少年儿童的理想。

白同学以"不日后就是我们的快乐节日——'六一国际儿童节'"作为这封信的开头，让一个孩子对节日的期待跃然纸上，同时也为接下来的内容奠定了欢快的基调。这是出生在一个充满希望的平安国度的孩子专属的快乐而朴素的情感。白同学深知和平与幸福来之不易，所以才有了这样真挚感情的抒发："我们多么感谢你们日日夜夜不畏劳苦守卫着祖国的边疆，保卫祖国的领土。"

他还在信中引用了毛主席的话，坚定地表达了要努力学习的决心："好好学习，天天向上。"也足以看到孩子们早已深刻认识到学习文化知识的重要性和自己所肩负的未来的责任。他们还希望能像雷锋叔叔一样，成为"人民最可爱的人"，长大成人后能够为社会贡献自己的一份力量。

整封信中充满了积极向上的气息。白同学通过学习雷锋叔叔的"光荣平凡而又伟大的事迹"，体会到帮助他人的快乐，意识到虽然自己年纪小，力量微薄，但还是可以为社会做出贡献。他提道："以前我的语文只有六十分，有时还不及格。现在我们还懂得怎样为家人做好事。"例如"帮助军属王大姑抬水"和"帮烈属黄公公扫地"，既是对雷锋精神的实践，也是对"为人民服务"理念的生动诠释，更是当时少年儿童社会责任感觉醒的一种体现。

在信的最后，他表达了对"雷锋班"的渴望："我们希望你们在百忙工作中给我们提些要求和建议。"孩子渴望与"雷锋班"建立联系，希望"雷锋班"给予他们鼓励，因为这些

鼓励正是他们在学习和生活中不断成长的动力。通过向"雷锋班"学习，他们看到了自己身上的责任，更明确了未来的方向和理想。信中充满着对祖国的热爱、对学习的重视，以及对成为"人民最可爱的人"的向往。希望这种精神能够在新时代继续传承，激励更多年轻人乘风破浪，梦想启航。

在我的日常生活中，雷锋叔叔是我生活的标杆。每当遇到一件事，我就会想，如果是雷锋叔叔该怎么办。因此，雷锋叔叔帮了我的大忙，使我处理好了许多棘手的问题。

——1991年7月辽宁省沈阳市三十八中学董同学写给"雷锋班"的信

20世纪90年代初，我国经济和社会领域的改革基本完成，对外开放的全方位布局也基本完善。我国开始建立社会主义市场经济体制，奠定了中国经济快速发展和社会长期稳定的发展的基础。同时，这也是一个社会发生剧变的时期，人们的生活水平提高，消费习惯、娱乐方式等都在发生深刻变化。也正因如此，"偶像文化"开始形成。当时，无论是音乐、影视还是体育领域的偶像，都以其出色的才华和独特的魅力赢得了青少年的崇拜。这些偶像的正面形象和努力精神可以激励青少年积极进取，追求梦想。而雷锋展现了无私奉献、艰苦奋斗、忠诚于党和人民以及积极向上的生活态度等品质；始终将人民的利益放在首位，乐于帮助他人，不求回报。他通过不断努力和奋斗，取得了显著的成就。他忠诚于党和人民，积极参与党的各项工作；他保持着乐观的心态和奋斗的精神，无论遇到什么困难和挫折都能勇敢面对。雷锋的事迹和精神激励了无数人，是他们心中的榜样和力量源泉。从这个意义上来看，雷锋也是一个"偶像"。

因此，在这一时期，雷锋精神仍旧得到了广泛的宣传和弘扬。国家和社会通过各种活动，如学雷锋活动月、学雷锋表彰等活动，在社会上广泛推广雷锋精神，激励人们积极向上、无私奉献。全国各地的中小学也都纷纷开展学习雷锋的活动。这些活动包括举办雷锋事迹展览、开展主题班会、组织志愿服务等，从榜样示范、爱心培养、自律塑造、乐观心态和奉献精神等多个方面入手，通过家长和教师的引导和教育，以及社会各方面的支持和配合，共同培养青少年的雷锋精神，让他们成为

新时代的优秀青年。

从本篇选取的沈阳市三十八中学董同学写给"雷锋班"的信中，我们便能深刻感受到雷锋这一"偶像"对青少年的重要影响。董同学认为"雷锋叔叔是我生活的标杆"，这个比喻虽然简单，却不难看出无私奉献、乐于助人和坚定信念等高尚品质已经成为这位初中生心灵深处的重要指引。每当他面临困惑与挑战时，他的"偶像"雷锋就会像一盏明灯，照亮他前行的道路，让他在风雨中不偏离航向。雷锋是他心中的榜样，是他追寻理想、塑造自我的动力源泉，让他在成长的旅程中始终怀揣着勇气与希望。

在信的开头，董同学说："在全国人民掀起又一个学雷锋高潮之际，我怀着崇敬的心情，提笔给你写下了这封信。"作为即将升入初三的学生，他充满期待，决心在即将到来的暑假中，以雷锋叔叔为榜样，发扬"善于挤和善于钻的钉子精神"，全面预习各科课程，这种向上向善的态度彰显了他对学习的认真与执着。

在面临困境时，少年总会在心中默念"如果是雷锋叔叔该怎么办"。这一内心的对话体现了他对雷锋精神的深刻理解和认同，也反映出他积极主动的生活态度。这种思考方式使他在面对棘手问题时，能够保持冷静与理智，寻找出合适的解决方案。这样的转化过程不仅让雷锋精神超越了简单的崇拜，而且通过具体的思考与行动，融入了他的日常生活，成为他品格形成的重要组成部分。这种内化的过程，使雷锋精神在他的心中生根发芽，激励着他不断向前。

信中提到"雷锋叔叔帮了我的大忙",更是说明了"偶像"雷锋的影响力。在董同学的心目中,雷锋已经不再仅仅是历史上的一个人物,而是一个活生生的榜样,帮助他克服生活中的困难。这种感受不仅加强了他对雷锋精神的认同感,也让他意识到自己在日常生活中同样可以践行这种精神,去关心他人、帮助他人。

在信中,董同学提及参加"党在我心中"知识竞赛的计划,表达了争取名次、为班级和学校争光的决心,也体现了他希望通过努力为集体荣誉做贡献的责任感。雷锋叔叔作为"全国人民学习的榜样"和"青少年学习的楷模",成为他行动的动力源泉。

在信的最后,他坚定地表示:"雷锋精神将永远是中华民族的国宝。"这是他希望将这种精神继续传承下去的决心。在他看来,雷锋精神既是个人成长的动力,也是全社会的宝贵财富,值得每一个人去学习和发扬。

这封信生动地反映了20世纪90年代初初中生对雷锋精神的理解与向往,传达出雷锋精神在一个年轻心灵中的深远影响与实际应用,展示了"偶像"雷锋的力量如何激励一代又一代人追求更高的道德标准与社会责任。这是个人成长的见证,也是对雷锋精神永恒价值的生动诠释,能够在读者心中引起强烈的共鸣,引发他们对自身道德追求的思考与践行。希望这种精神能够在新时代继续传承,激励更多年轻人不断追求卓越,为实现个人理想和社会进步贡献力量。

我想和你们交朋友，谈谈学习，谈谈军事，谈谈雷锋同志，因为我也有一个理想，长大后投身祖国的国防事业，为祖国的国防建设做出贡献并奉献自己。

——2008年11月江苏省南通市如东实验中学2007届季同学写给"雷锋班"的信

这是一封寄给"雷锋班"的战士们的信，写于2008年，来自江苏省南通市如东实验中学的季同学。季同学在这封信中将"雷锋班"的战士视作自己的大哥哥，倾诉了自己在学习上的困惑以及对未来执着的追求。他在信中流露出自己对"雷锋班"战士们无私奉献精神的由衷钦佩，也展现了他将个人理想与国家发展大局紧密相连的宏伟志向。这种思考和表达体现了中国年青一代对责任感与使命感的深刻认知，传达出他们对未来的期待与对社会的关心。这封信的字里行间都蕴含着一种积极向上的力量，激励着季同学在追寻梦想的旅程中不断前行。

在信中，季同学坦诚地分享了自己在学习英语过程中所遭遇的种种困难，以及为克服这些难题所付出的努力。他提到自己在阅读杂志上关于"雷锋班"的专题报道时，被战士们坚持担任学校编外辅导员的事迹深深打动。正是这份感动激发了他给"雷锋班"战士写信求教和交友的愿望。季同学渴望能够与战士们分享学习心得、交流军事知识，探讨雷锋精神。每个人都能从他的文字中感受到一种对"雷锋班"的向往与敬仰。

在信中，季同学特别引用了李桂臣班长的一句话："军队就是要奉献，而我们作为一个雷锋班战士，就必须奉献更多，这样雷锋精神才会薪火相传延续下去。"这句话是对雷锋精神深刻而精准的概括，深深触动了季同学的心灵。他意识到，作为21世纪的中学生，自己肩负着传承雷锋精神的责任。他不仅希望自己能够不断提升学习成绩，还渴望与更多同学一同进步，共同营造积极向上的学习氛围。在这份渴望中，季同学的内心充满了对未来的期待与对理想的追求。

季同学还在信中明确表达了自己的梦想："我想和你们交朋友，谈谈学习，谈谈军事，谈谈雷锋同志，因为我也有一个理想，长大后投身祖国的国防事业，为祖国的国防建设做出贡献并奉献自己。"

"我想和你们交朋友"，这句话简单而直接，却蕴含了跨越年龄与身份的深厚情感。它像是一座桥梁，连接起少年的梦想与战士们的使命。

"谈谈学习，谈谈军事"，这不仅是话题的交换，更是知识与经验的共享。季同学渴望从战士们身上汲取力量，无论是学术的严谨还是军事的刚毅，都是他成长道路上不可或缺的养分。这种渴望体现了他对自我提升的迫切需求，以及对未来挑战的勇敢面对。

"谈谈雷锋同志"，更是将对话提升到了精神层面。雷锋同志作为无私奉献的化身，他的事迹与精神激励着无数青年勇往直前。少年愿与"雷锋班"的战士们共同探讨雷锋精神的内涵与外

延，这不仅是对历史的回顾，更是对现实与未来的深刻思考。

"因为我也有一个理想，长大后投身祖国的国防事业，为祖国的国防建设做出贡献并奉献自己。"这句话是整封信的灵魂所在，它直接而坚定地表达了少年的理想与抱负。他将个人的成长与国家的命运紧密相连，展现出一种超越年龄的责任感与使命感。这种理想不仅是对个人价值的追求，更是对国家和民族未来的庄严承诺。

这封信洋溢着积极向上的正能量，生动展现了当代初中生对雷锋精神的深刻理解与传承愿望，以及他们在面对挑战时不屈不挠、勇于追梦的精神风貌。信中的每一句话都蕴含着一种鼓舞人心的力量，指引着年青一代在未来的旅途中不断进取，努力去实现自己的梦想与理想。无论时代如何变迁，那些关于梦想、责任与奉献的故事，始终如明灯般照亮着一代又一代人奋勇前行的道路，不断激励着他们追求更高的目标与更美好的未来。

岁月的见证

> *手写体：欢乐与激动吧！也就在提词一周年的前夕，我们全校的老师和同学们怀着崇敬而难过的心情看完了《雷锋》这场电影。雷锋叔叔平凡伟大的事迹，又一次感动了我们，热泪不觉夺眶而出。我们每一个人，都为雷锋叔叔而感到自豪，因为他给我国社会主义建设增添了一份新的光荣，在英雄的名册上增添一个光辉的名字——雷锋，他将永远活在全国人民心里，永垂不朽。*

　　我们全校的老师和同学们怀着崇敬而难过的心情，看完了《雷锋》这场电影。雷锋叔叔平凡伟大的事迹，又一次感动了我们，热泪不觉夺眶而出。我们每一个人，都为雷锋叔叔而感到自豪，因为他给我国社会主义建设增添了一份新的光荣，在英雄的名册上增添了一个光辉的名字——雷锋，他将永远活在全国人民心中，永垂不朽。

　　——1965 年 3 月两位少先队员闫同学、黄同学写给"雷锋班"的信

　　1963 年 3 月 5 日，《人民日报》发表毛泽东"向雷锋同志学习"的题词。借助媒体的广泛宣传与深入推动，以及雷锋同志卓越事迹的深刻感召，全国范围内掀起了全面学习、热烈宣传雷锋精神的浪潮。这股浪潮自中央至地方，横跨军队系统与社

会各界，各类雷锋纪念与学习活动如火如荼地展开，如纪念大会、专题报告会、动员大会及学习心得交流会等。

以雷锋光辉事迹为灵感源泉的文学创作与文艺表演，成了当时弘扬雷锋精神不可或缺的重要载体。歌曲、戏剧、快板等多种艺术形式竞相绽放，大量脍炙人口的作品应运而生，生动诠释了雷锋精神的深刻内涵。《接过雷锋的枪》《学习雷锋好榜样》等歌曲，以其通俗易懂的歌词，迅速传唱于大江南北，成为人们心中的时代旋律。同时，范延东的短篇小说《雷锋送钱》、姚成章的鼓词《雷锋过星期天》、耿瑛的辽宁大鼓《四块月饼》、王贵甫的山东快书《雷锋运砖记》等作品，以其贴近生活的情节与真挚的情感表达，深受广大人民群众的喜爱与好评。

1963年，原沈阳军区抗敌话剧团精心编排并公演了话剧《雷锋》，为全国的学雷锋活动注入了强劲动力。在周恩来总理的指示下，八一电影制片厂随后拍摄了电影《雷锋》。电影于1965年3月5日全国上映，一经推出，便在社会上引起了巨大反响，各地迅速响应，掀起了一股"观影《雷锋》，践行雷锋精神"的热潮，进一步推动了雷锋精神在全国范围内的广泛传播与深入实践。

上面这封来自1965年的信，开篇便描述了全校师生在观看电影《雷锋》时的情感状态，"怀着崇敬而难过的心情"，他们对雷锋牺牲感到惋惜，对其伟大精神表达敬仰。在观看过程中，雷锋平凡而伟大的事迹一次次打动了他们，令他们"热泪不觉夺眶而出"，雷锋的故事具有强大的感染力，引起了他们强烈的共鸣和思考。

这封信同样承载着两位少先队员对雷锋精神的崇敬与追随。他们满怀激情，决心向榜样雷锋学习，积极投身于社会主义建设的事业中。他们在信中，用丰沛的情感表达了自己对雷锋的敬仰之情，也讲述了他们在自我反省与成长过程中的思考与觉悟。这份情感不仅是对过去的致敬，更是对未来责任的承诺。

信的开头，两位同学以普通少先队员的身份向"英雄的叔叔们致以最崇高的敬礼"，他们提到"今天是英明的领袖毛主席为伟大的共产主义战士雷锋叔叔题词两周年纪念日"，通过这种方式，他们将个人的情感与国家的历史结合在一起，强调了雷锋精神在社会发展中的重要地位。

接下来，他们以"我们每一个人都为雷锋叔叔而感到自豪"来表达对雷锋的认同和敬佩，指出雷锋为我国社会主义建设所做出的贡献，强调了雷锋在民族精神与社会价值体系中的重要地位。他们认为雷锋的事迹使英雄名册上增添了一个光辉的名字，表明了对雷锋精神的永久怀念与传承。"他将永远活在全国人民心中，永垂不朽"这一句，更是将雷锋的精神与信念上升到了永恒的高度，体现了少先队员们对雷锋精神的坚定信仰和传承意愿。这段话整体传达出一种对英雄的崇高敬意，同时也激发了年青一代积极向上、勇于奉献的情感，彰显了雷锋精神的重要意义。

在描述雷锋的事迹时，少先队员们用动情的语言描绘了雷锋的无私奉献，例如他"带病参加义务劳动""冒着大雨送老大娘到20里以外的朱家屯"等。这些细节生动展现了雷锋在日常生活中的点滴善举，激励着他们向雷锋学习，为同学、为社会贡献自己的力量。他们甚至感慨道："难过的是我们和雷锋叔叔比起来，显得自己太渺小了。"这种反思一方面能够加深青少年对雷锋精神的深刻理解，另一方面也说明了青少年在成长过程中必须面对各种迷茫与挑战。

信中提到，经过学习雷锋叔叔的伟大精神后，他们班级中涌现出了许多"无名英雄"。如"桌子坏了，有人修，教室脏了，有人打扫"，这种行动反映了雷锋精神在集体中的传承与发扬。少先队员们意识到，雷锋精神并不仅仅是口号，而是需要在实际生活中践行的信念。他们坚定地表示，"遇到困难想雷锋，艰苦朴素比雷锋，多做好事赶雷锋"，这是他们立志模仿雷锋的决心，也让我们看到了他们在集体内部的相互激励。

在信的结尾，少先队员们强调了自己的理想与目标，他们清楚地认识到，自己的学习和成长与国家的未来息息相关，因而更加坚定了努力学习、争取进步的信念。同时，他们积极向往加入共青团，希望通过自身的努力成为"坚强可靠的革命接班人"。

这封信通过对雷锋精神的崇敬与传承，体现了少年儿童积极向上的思想感情与成长过程。他们不仅在反思中认识到自己的不足，更在行动中努力成为社会的栋梁。这种精神将激励更多年轻人在实现个人理想的同时，为社会进步贡献自己的力量。

　　以前一部分男生认为打扫教室不是我们干的事，学习了雷锋的事迹后，他们认识到：为人民服务不仅要做一些大事，而且还要注意去做那些平凡的小事，才能培养自己的共产主义风格，改造好思想，做雷锋式的人。

　　——1973 年 3 月天津市东南角中学二年二班全体写给"雷锋班"的信

　　这封来信写于 1973 年 3 月，也是毛泽东发表"向雷锋同志学习"题词 10 周年之际。在这 10 年中，国家通过一系列经济政策的调整与改革，促进了工农业生产的恢复与发展，国内生产总值实现了稳步增长。这些经济成就为百姓生活水平的提升奠定了基础。而且，随着经济的改善，人们的消费能力也有所提高，生活品质逐渐提升，更增添了对美好生活的向往和追求。从精神层面来看，雷锋精神的发扬在这 10 年间也对中国社会产生了深远的影响。它不仅提升了社会风气、唤醒了公民的道德意识，还促进了文化的创新与发展。这些变化为中国社会的进步奠定了坚实的基础，也为后来的发展繁荣打下良好的开端。其中，雷锋精神对青少年产生的影响尤为深远。这一精神

的核心"为人民服务"和"从平凡小事做起"成为青少年成长道路上的重要指引。

上述文字摘自一封 1973 年由天津市东南角中学二年二班全体同学写给"雷锋班"的信。信中描述了这些初中学生在面对雷锋精神时所经历的内心变化与成长。他们在信中所表达的，是通过学习雷锋精神，引发对自身社会责任感的觉醒，展示出青春的力量与志向。学生们通过这封信，向"雷锋班"的战士们致以崇高的敬意，同时也传递出一种向上的动力。

信中提到"以前一部分男生认为打扫教室不是我们干的事"，他们曾把打扫教室视为与自己无关的事情，认为这种"小事"不足挂齿，自己将来是要做大事的。然而，随着对雷锋事迹的学习与理解，男生们逐渐认识到"为人民服务"并不仅仅意味着做一些轰轰烈烈的大事，而是应从日常生活中的点滴做起，包括那些看似平凡的小事。这样的转变既是对雷锋精神的进一步认知，也是他们对自身角色定位的重新审视。

"注意去做那些平凡的小事，才能培养自己的共产主义风格"，这一观点深刻地阐释了平凡工作的价值。通过关注和参与日常的小事，学生们提高了自身的责任感和集体意识，也在这个过程中逐步塑造起自己的价值观与人生观。这样的理解使他们意识到，共产主义精神并不是一种遥不可及的理想，而是扎根于生活的每一个细节，体现在每一次的付出和奉献中。

"改造好思想，做雷锋式的人"，则是对这种认识的升华与具体化。改造思想意味着要主动调整自己的价值观，学会从小事做起，不断提升自我，追求更高的道德标准。成为"雷锋式的人"不仅是对雷锋精神的追求，更是对个人成长的期待与承诺。

学生们还在信中表示自己怀着激动的心情"反复地学习了雷锋同志的英雄事迹"，表明了雷锋精神在他们心中引起了强烈的情感共鸣。他们的思想面貌发生了显著转变，对集体和组织的认同感与归属感明显增强，一些原本不写申请书的同学纷纷开始撰写加入共青团的申请书。

学生们还通过座谈会"继承革命先烈的遗志斗私心，向前进"，积极反思，深挖"私心杂念"。这种自我反省与对照英雄寻找差距的态度，展示了他们勇于面对自身不足的决心，愿意成为更高尚的人。

他们还在信中提到自己在雷锋精神的鼓舞下"取得了一些进步"，但也清晰地认识到自身仍然存在的问题，例如"马列的书，毛主席著作学习得还很不够好"。这种自我批评的态度显示出他们对更高目标的追求与对自身不足的清醒认识。所以他们还要"继承革命先烈遗志，以雷锋同志为榜样，永做革命青年"。这种积极向上的信念，体现了学生们在学习与生活中结合理论与实践的努力。他们也因此期望与"雷锋班"的交流与学习，所以"怀着激动的心情，写信给你们，殷切地希望得到你们的帮助指教"。这种请求也反映了那个时代年轻人之间相互支持、共同进步的精神面貌。

虽然从表达方式上来看，这封信带有鲜明的时代特征，但

也真实反映了那个时代年轻人在学习雷锋精神过程中的思想转变和积极进步。学生们在思想、行为上的积极变化都是对雷锋精神深入学习和实践的结果，是那个时代青少年对理想和信念的追求，彰显了雷锋精神在社会中的深远影响和积极意义。

> 雷锋精神与远大同在。在远大，我们把学雷锋活动的时间，从每年的 3 月延伸到一年的 365 天；把学雷锋做好事的内容，拓展到日常的生活工作当中；把弘扬雷锋精神，融入远大的企业文化当中；把学雷锋的境界，升华到道德文明建设与人生价值观念的培育与追求之中。
>
> ——2013 年 1 月山东淄博远大汽车服务有限公司写给"雷锋班"的信

雷锋同志牺牲后，原沈阳军区制定了一项长远的"开展学雷锋活动"的规划，旨在传承和弘扬雷锋精神。一是排演一台有关雷锋的话剧，二是命名"雷锋班"，三是请毛主席题词。命名大会召开后，新华社、《人民日报》《解放军报》《中国青年报》等媒体纷纷加大对雷锋平凡而伟大事迹的宣传力度，雷锋的名字迅速传遍大江南北。随后，几家重要报刊将雷锋的故事写成了报告文学，并附上评论和雷锋日记的摘录，使公众对他的了解更加深入。同时，文艺界的作家和诗人们也积极参与，通过文章和诗歌热情歌颂雷锋精神。由此，学习雷锋的活动在全国各个领域迅速展开，形成了强大的社会氛围。

很多人对 3 月 5 日毛主席为雷锋同志题词纪念日记忆犹新，但对命名"雷锋班"这件事却知之甚少。而这封 2013 年 1 月山东淄博远大汽车服务有限公司写给"雷锋班"的信，一开头就提到"2013 年 1 月 7 日是中华人民共和国国防部命名雷锋同志生前所在的沈阳军区工兵某团运输连二排四班为'雷锋班'50 周年的日子"，足见写信者对雷锋事迹与精神的细致研读。

雷锋精神的普遍适用性激励着所有员工在各自的岗位上追求卓越和奉献，所以信中说："无论做什么事情，雷锋精神都是可以引领我们一生的。"这种精神传承和榜样的力量，使得雷锋精神在企业中生根发芽，引发了员工对自身职责的深思。

在远大汽车服务有限公司的企业文化中，雷锋精神不仅仅是口号，更是实际行动的指导原则。"大家却一直以实际行动传承着雷锋精神。"他们通过参与汶川地震的捐助活动和帮助有需要的员工家属，在生活和工作中助人为乐，展现良好的企业道德和社会责任感。

远大汽车服务有限公司将学雷锋活动延伸到日常生活中，将雷锋精神内化为企业文化，也就是信中提到的"雷锋精神与企业同在"。他们不仅将学雷锋活动作为一种传统，更努力让每一位员工都能在岗位上发挥雷锋精神的引领作用。这种做法让全体员工提升了道德素养，增强了团队合作意识，营造了良好工作氛围。特别是要"把学雷锋的境界，升华到道德文明建设与人生价值观念的培育与追求之中"，表明远大汽车服务有限公司对雷锋精神深刻内涵的理解与重视，强调了在追求业绩的同时，也要关注员工的道德修养与精神成长。

这封信展现了远大汽车服务有限公司在提升员工素质、增强服务意识、丰富企业文化等方面所做的努力，体现了雷锋精神在现代社会中的积极意义和深远影响。员工们在实践中得到了成长与提升，企业在社会责任、道德建设等方面树立了良好的形象，成为行业中的榜样。这样的努力不仅推动了企业自身的发展，也为社会传递了温暖与正能量，充分展示了雷锋精神的生机与活力。

几十年来，在雷锋精神的鼓舞下，使我懂得了为谁活着，怎样做人的道理。我前进道路上的点滴进步都是在雷锋精神的鼓舞下取得的。

——2021 年 2 月北京市西城区椿树园小区贾老写给第 27 任"雷锋班"班长牟志华的信

2018 年 9 月 28 日，习近平总书记在参观抚顺市雷锋纪念馆时说："我们要见贤思齐，把雷锋精神代代传承下去。学习雷锋精神，就要把崇高的理想信念和道德品质追求融入日常的工作生活，在自己岗位上做一颗永不生锈的螺丝钉。"

2021 年 2 月，76 岁的贾老给第 27 任"雷锋班"班长牟志华写了一封深情的信。这封信不仅描述了他个人的心路历程，还深刻反映了在时代变迁中，雷锋精神所蕴含的永恒价值。信中的每一个字句都饱含着对党和国家的深切感激、对雷锋精神的崇高敬意以及对年青一代的殷切期望。贾老通过这封信，传达出一种温暖而坚定的情感，向后辈们传递着一种力量，引导他们在前行的道路上继续弘扬和践行雷锋精神。

贾老出生于 1945 年，那是一个国家经历战火洗礼、百废待兴的时代。他出身贫苦，目睹了旧社会的苦难与不公，也因此对党和毛主席的感激之情溢于言表。这份情感不仅成为他个人心路历程的起点，也构成了他对雷锋精神深刻理解与坚定信仰的基石。在信中，他回顾了自己从一个逃荒要饭的贫困少年，成长为一名光荣的解放军战士，再到退休后享受幸福生活的每一个阶段。他深知，这一切都离不开党和人民的关怀与支持，

更离不开雷锋精神的指引与激励。每一步的成长，都是对雷锋精神的践行，也是对美好生活的珍视与感恩。

信的开篇，贾老首先祝贺新班长担任第27任"雷锋班"班长，称"这是党和人民对你的高度信任和重视"，并祝愿他在这一"光荣神圣的岗位上做出新的更大的成绩和贡献"。这不仅是对个人成就的认可，更是对党和人民信任的肯定。他以此为契机，回顾了自己的成长与蜕变，向年青一代传达了雷锋精神的重要性。在此，贾老不仅是在祝贺，更是在传递一种责任感与使命感，鼓励新一代班长在光荣的岗位上继续前行。此外，信中提到的与"雷锋班"历任班长的交流经历，更是他情感深处对雷锋精神无限敬仰与热爱的体现。这些情感，如同涓涓细流，汇聚成他对新时代年青一代的殷切期望与美好祝愿。

贾老在信中描述了自己"于1964年12月25日应征入伍"，并"在部队党组织和首长的培养和教育下，不断进步"。从这段经历中，我们可以看到，正是在党的培养与个人努力下，他逐渐成长为一名合格的军人，体现了个人与集体、国家的紧密联系。这段经历不仅是他个人成长的见证，也是他信仰坚定的基础。

在提到"1963年3月5日，伟大领袖毛主席发出向雷锋同志学习的口号"时，贾老回忆起自己上中学时立下的志愿，强调了"我一辈子听党和毛主席的话，沿着雷锋同志走过的道路前进"。这一承诺不仅展现了他对雷锋精神的崇尚，也反映出他在青春期追求理想与信仰的坚定决心。这种信念的延续，成为他终身追求的动力。

贾老的信中还提及他在抚顺市的学习与交流经历。这些回忆不仅是他追寻雷锋精神的具体体现，更是他与"雷锋班"精神纽带的生动见证。通过与"雷锋班"的交往，他更加深入地理解了雷锋精神的实质，感受到共同理想所带来的温暖与力量。

在信的最后，贾老对新班长给予了深情的祝福："千万别影响你的工作和学习，祝你新春愉快，学习进步，工作顺利，身体健康。"这是一种传承与鼓励，寄予了对新时代接班人的殷切希望。贾老希望新一代青年能够在雷锋精神的指引下，肩负起更大的责任和使命。

这封讲述贾老个人的成长历程与精神风貌的信，传递出一种跨越时代的正能量。它告诉我们，无论时代如何变迁，雷锋精神始终是我们前行路上的灯塔和动力源泉。新时代，雷锋精神所蕴含的忠诚、奉献、敬业、创新等品质，依然具有重要的现实意义和时代价值。贾老的亲身经历与感悟，为新时代青年提供了宝贵的精神财富和人生指南，激励着他们在新的征程中不忘初心、牢记使命、砥砺前行。

这封饱含深情与敬意的信，仿佛一座跨越时空的桥梁，连接起过去与未来。它不仅让我们看到了雷锋精神在岁月长河中的代代相传与生生不息，更让我们感受到老一辈革命家对年轻一代的深切关怀与殷切期望。它提醒我们，要在历史的延续中

把握责任与使命。愿我们都能从中汲取力量与智慧，在新时代的征程上继续弘扬雷锋精神，为实现中华民族伟大复兴的中国梦贡献自己所有的力量。

第二章
行动的力量

  雷锋精神不仅仅是一种信念，更是一种行动。它体现在生活中的每一个细节、每一个微小的举动中。在本章选取的这些信件中，有的讲述了在危急时刻伸出援手的壮举，有的描绘了平凡工作中的点滴感动。每个故事都如同一颗闪亮的星星，点燃了人们心中行动的火花。从一位普通教师在课堂上启发学生的瞬间，到一个志愿者在社区服务时无私奉献的感人场景，这些都是雷锋精神在生活中的真实写照。

  这些行动不仅改变了他人的命运，也让参与者体验到无私奉献的快乐。书信中流露出的情感，仿佛在告诉我们：雷锋精神并不遥远，它就在我们日常生活的每一个瞬间。在为他人付出时，我们也在滋养自己的灵魂，增强了人与人之间的联系，营造了更加温暖的社会氛围。让我们一起走进这些感人的瞬间，体会每一个善举背后的温暖力量，激励自己在生活中去行动、去关心他人，成为一盏照亮他人心灵的明灯。

助人为乐的足迹

有一天，天很冷，孙大勇同学就把自己的风雪衣让给雷强同学穿，这虽然是小事，但是雷锋叔叔说过"高楼大厦是一砖一石砌起来的"……我们一定要向雷锋叔叔那样，多做好人好事，当一个 80 年代的小雷锋。

——1989 年 12 月河南省郑州市铁路第十二小学的张同学写给"雷锋班"的信

这封河南省郑州市铁路第十二小学的张同学写给"雷锋班"的信写于 1989 年，蕴含着一个普通小学生对雷锋真挚而深切的热爱。他用纯真的心灵和朴素的情感，在信中描绘出一幅幅温

暖动人的画面，让我们看到了"雷锋班"战士们那种无畏奉献的精神如何在孩子幼小的心灵中生根发芽。

张同学在信中提到了解放军参与"大兴安岭扑灭山火"的场景。这应该指的是1987年5月大兴安岭的4个林区遭遇的那场毁灭性的火灾。那场大火持续了整整28天，吞噬了101万公顷的森林，将包括漠河西林吉在内的9个林场化为焦土。这一事件成为新中国成立以来最为严重的特大森林火灾，留下了难以磨灭的印记。火灾过后，山峦是黑色的，树木是黑色的，连房屋也被火焰的余烬染成了黑色。

为了扑灭这场火灾，3.4万多名解放军官兵，2100多名森警、消防干警和专业扑火人员，以及2.27万名预备役民兵、林业职工和热心群众齐心协力，奋战在一线。"火情就是命令！"在那一年，原沈阳军区传达出一句最为核心的指令："在最短时间内，以最快速度奔赴大兴安岭火灾现场。"这是一道承载着无数人的责任与使命的命令，激励着每一个参与者在危难时刻勇往直前。孩子对解放军在大兴安岭的英雄事迹格外关注，并产生了属于自己的感悟，这正是雷锋精神在新一代人中的传承与发扬。

在党和国家的号召下，当时全国的中小学校都在通过各种方式引导学生学习并践行雷锋精神，例如组织主题班会、讲述雷锋的生平事迹和奉献精神、让学生亲身体验为人民服务的乐趣，还会举办手抄报、演讲比赛等，营造学习雷锋的良好氛围。张同学的学校也是如此，他也在潜移默化中提升了思想层次，并时刻激励自己像雷锋那样去做更多的好事。

信中描绘了一个温暖人心的小插曲：在一个寒风刺骨的日子里，"孙大勇同学就把自己的风雪衣让给雷强同学穿"。这看似微不足道的举动，却蕴藏着深厚的友谊与关怀，为冰冷的日子增添了一丝温暖。孩子们还引用了雷锋叔叔的话"高楼大厦是一砖一石砌起来的"，借此强调每一个微小的善举，都是构建伟大精神的基石。这种深刻的理解，展现了小学生心中对雷锋精神的真切认同，提醒我们即便是细微的善行，也能在生活中汇聚成爱的洪流。

张同学在信中对解放军的牵挂同样触动人心。在即将到来的新春佳节之际，他送上了"节日愉快，多立大功"的祝福，这不仅是对英雄的敬意，更是对自己将来努力成为"80年代的小雷锋"的坚定承诺与期望。

这封如同温暖阳光般的信，将雷锋精神与写信者的生活紧密相连。张同学用真诚的语言表达出对美好品质的追求与向往，让我们看到雷锋精神在新一代心中生根发芽的希望。

全体亲人啊，在我家突然遭到病魔加外债几千元的压力下，我这六十多岁的老头子，每月只剩 25 元钱，供养七口人之家确实困难，所有亲朋好友都借到了，但我五儿子的病还没治好……在走投无路情况下七十二分队指导员为首的全体指战员伸出了温暖之手给我家邮来 158 元钱……

——1990 年一位毕大爷寄给"雷锋班"的信

熟悉雷锋事迹的人都知道，他在部队服役期间，会把平时积攒下来的津贴费捐给人民公社和灾区群众。尽管津贴有限，但他依然尽可能地节省下来，用于支援国家建设和帮助受灾地区。比如说，在 1960 年 8 月 20 日，雷锋从储蓄所取出 200 元钱捐赠给抚顺市望花区和平人民公社，但是公社只收下了 100 元，于是雷锋又将剩下的 100 元钱捐给了遭遇水灾的辽阳。要知道，雷锋平时连汽水都舍不得买，一双袜子都是补了又补。

当时有很多人都没有办法理解雷锋的行为，议论纷纷。雷锋在日记中写道："有些人说我是'傻子'，是不对的。我要做一个有利于人民、有利于国家的人。如果说这是'傻子'，那我是甘心愿意做这样的'傻子'的。革命需要这样的'傻子'，建设也需要这样的'傻子'。我就是长着一个心眼，我一心向着党，向着社会主义，向着共产主义。"

雷锋的捐款行为并不是一时的举动，而是贯穿了他整个军旅生涯的一种持续的行为。他用自己的实际行动诠释了什么是真正的奉献，什么是对党和人民的忠诚以及对社会的责任感。这一封由一位老人写给"雷锋班"的信，让我们看到，"雷锋班"的战士们也在用同样方式传承、发扬着雷锋的这种精神。

这是一封倾注了满满的感激与希望的信笺。老人称呼这些年轻的战士为"全体亲人"，让人感受到了一条温暖而紧密的情感纽带。他用饱经风霜的字句道尽了生活的艰辛：突如其来的病魔与沉重的外债如同双重打击，这位 60 多岁的老人，每月仅能支配 25 元的微薄收入，却要支撑起一个七口家庭，令人不禁心生怜悯。虽然他的文字中夹杂着无奈与艰辛，生活的困境，但在绝望的缝隙里，我们依然能看到希望的光芒。在老人的心灵深处依然有对未来美好的期盼。

尽管所有的亲朋好友都已尽力相助，但五儿子的病仍未痊愈，生活的困境似乎将他逼到了绝境。然而，在这绝望的时刻，七十二分队的指导员和全体指战员却伸出了温暖的援手，邮寄来了 158 元钱。这不仅是一笔金钱的帮助，更是一缕希望之光，让这个家庭在即将到来的春节能够团聚，共度佳节。大爷由衷地感慨："春节之际也可以让我们全家老少三辈过个年啊！"

在信中，老人评价这些"雷锋班"的战士"不愧为雷锋团的光荣历史称号"。这是对雷锋精神传承的认可，所以他恳请各位首长将七十二分队的优秀思想作风与表现予以总结和推广，希望能够让雷锋精神在更广阔的范围内重新开花结果。

在信的结尾，老人说："让我们携起手来，共同前进吧。"深

情地表达了他对未来的美好憧憬以及对团结合作的向往。这不仅仅是这位老人对曾给予他帮助的指战员们的衷心感谢，更是一种强烈的呼唤，希望雷锋精神能够在生活的每一个角落扎根发芽。

这样的字句充满了力量，它提醒着我们，尽管生活中会遭遇风雨，但温暖、互助与前行的信念永远不会消逝。正是在这份坚定与信念中，我们可以找到彼此的支持与力量，共同迎接更加美好的明天。

> 一次，学校运来好几车冬煤，堆在操场上。同学们看见了心想：这么多冬煤堆在操场上会多不方便啊！于是大家都不顾上了一天课的疲劳，帮助学校运煤。大家你传我递干劲冲天，有的同学的白球鞋成了黑球鞋，有的同学的新衣服弄黑了，但是大家不顾这些，经过三个下午好几车冬煤都运完了。
>
> ——1990年3月某六一中队全体队员写给"雷锋班"的信

"雷锋班"这一命名不仅是对雷锋个人的纪念，更是对雷锋精神的传承和弘扬。命名大会后，全国人民纷纷给"雷锋班"写信，表达对雷锋的敬仰和对雷锋精神的热爱。特别是青少年学生，他们通过写信的方式，向"雷锋班"的战士们请教问题、分享心得、表达敬意。同时，许多学校和单位也组织了学生给"雷锋班"写信的活动，以此作为学习雷锋精神的实践活动之一。这种广泛的参与和互动，进一步推动了中小学生给"雷锋班"战士写信的传统的形成。

多年来，"雷锋班"的战士们一直保持着与全国各地群众的书信往来传统。他们回复来信，通过亲身经历讲述传承雷锋精神的故事，成为很多学校的校外辅导员。这种持续的影响和传承，使得中小学生给"雷锋班"战士写信的传统得以延续至今。就像从这封某六一中队写于1990年的给"雷锋班"的信中，我们依然能够看到中小学生对雷锋精神的敬仰和学习决心。

这封信不仅传递了获得校"雷锋中队"这一光荣称号的喜悦，更展现了少年们在雷锋精神感召下，心怀大爱、积极向上的生活态度。

孩子们在信中自豪地宣布班级被评为"雷锋中队"的消息，流露出同学们的兴奋与骄傲。这既是对他们努力付出的肯定，也是老师和学校对他们信任的体现。正是在这样的氛围中，孩子们的干劲倍增，学习雷锋精神成为他们日常生活的一部分。

信中提到了"运冬煤"的故事。在寒冷的冬日里，他们不惧疲劳，齐心协力地帮助学校处理冬煤。那一刻，他们不仅在运煤，更是在传递着友爱与互助的温暖。即使白球鞋沾满了黑煤，甚至新衣也被弄脏，但同学们无怨无悔，他们意识到，自己不仅是在完成一项任务，更是在用实际行动传递着团结与奉献的精神。这段经历成为他们心中珍贵的回忆，使他们深刻地认识到了雷锋精神的真谛。

信中还提到，一些同学像雷锋叔叔一样，利用课余时间向报社投稿，获得了发表与获奖的喜悦。孩子们描绘的每一个细节，都在向我们诉说着雷锋精神在年轻心灵中生根发芽的过程。在老师的引导下，雷锋故事的传播，使得同学们将雷锋叔叔视为学习的榜样，努力成为"小雷锋"。榜样的事迹在潜移默化中塑造了他们的品格，让善良与奉献成为他们的生活信条。

信中提及的"互帮小组"充分体现了团结协作的精神。通过设立小组，班级的同学们积极帮助成绩较差的同学，形成了一个相互支持的学习氛围。这样的实践，不仅消除了不及格现象，更让每位同学在关心他人中获得成长，凝聚了班级的力量。孩子们还坦诚地表示，尽管已经取得了一些成绩，但他们深知，保持"雷锋中队"的称号需要更加努力，这种自我鞭策与进取精神，正是雷锋精神在新时代的生动诠释。

这封信不仅是对雷锋精神的呼唤，更是对社会的积极影响。它鼓励着更多的中小学生在学习与生活中追求善良与助人，激励着他们在小小的日常中传递温暖。正如信中所言，他们将继续努力，以优异的成绩回馈这份荣誉，恰恰展现出年轻一代对未来的美好憧憬与坚定信念。在这股正能量的推动下，雷锋精神将在年轻的心田不断开花结果，生生不息。

虽然您并不认识我，但您的事迹深深感动着我。做（作）为"雷锋班"的班长，您把雷锋精神发扬光大。您带头募集资金，把 1 万本《新华字典》送到甘肃的孩子手中，您为了弘扬雷锋精神坚持一天三四场演讲，嗓子沙哑，扁桃体红肿，晚上打点滴，白天吃药片也坚持把最好的精神状态、最精彩的报告送给听众。

——2017 年 7 月辽宁省抚顺市望花区逸夫小学刘同学写给"雷锋班"班长的信

"雷锋班"从命名至今，已经走过了 60 多年。在这期间涌现了众多优秀的"雷锋班"班长，他们以实际行动带领班里的战士们践行雷锋精神，成为各个时代的楷模。选拔每一届"雷锋班"的班长，都是精挑细选、优中选优的严格过程。参与竞选的战士需在政治觉悟、文化素养、军事技能、身体素质以及表达能力等多个方面展开比拼，全方位考量，以确定谁最能胜任这一光荣职责。这些优秀的班长每个人都有属于自己的对雷锋精神的解读，也都在以自己的方式学习雷锋同志的优秀品质。

"雷锋班"第 24 任班长黄帮维说："我从 2006 年就来'雷锋

班'，从'雷锋班'战士成长为'雷锋班'班长。很多人问我如何学雷锋，我认为只有爱雷锋才能学好雷锋。我作为'雷锋班'班长，在'雷锋班'这么多年，对雷锋很有感情，我们这有个'雷锋铺'的上铺，新来'雷锋班'表现好的战士才能睡在'雷锋铺'的上铺，与雷锋老班长近距离地接触，让他们热爱雷锋老班长，热爱我们这个集体，从1963年到现在已经49年了，'雷锋班'取得了很多荣誉，之所以取得这么多荣誉就是有雷锋老班长这面光辉的旗帜。以后不管什么时候，我们都会把这面旗帜高举好，不断地把雷锋精神一代一代传承下去。"

　　来自辽宁省抚顺市望花区逸夫小学的刘同学曾经在2017年7月给"雷锋班"班长写过一封信。刘同学以"雷锋班"班长为榜样，学习了他为弘扬雷锋精神所做的实际行动：募集资金、捐赠图书，在身体虚弱的情况下依然坚持为听众献上精彩报告。他还提到班长"嗓子沙哑，扁桃体红肿，晚上打点滴，白天吃药片"的细节，让人眼前不禁浮现出一幅奉献的感人画面。"雷锋班"班长的举动，堪称崇高的道德典范，激励着更多的人去追随和学习。就像刘同学在信中描述的自己的感受，正是这种精神传承的体现。

　　在"雷锋班"班长和全体战士的努力下，雷锋精神得以发扬光大，影响着身边的人，甚至跨越了人与人之间的陌生界限。刘同学强调的"弘扬雷锋精神"不仅是一种行为，更是一种责任感呼唤。在他们的努力下，雷锋的精神继续激励着一代又一代年轻人，让他们在生活的点滴中坚持助人为乐，从小事做起，传承雷锋精神的接力棒。

无私奉献的光芒

> 继承和发扬我军思想政治工作的优良传统，坚持用雷锋精神塑造企业之魂，使职工的思想面貌发生了深刻的变化。
>
> ——1989 年 12 月长春石油化工厂写给"雷锋团"的信

1989 年 12 月，一封饱含长春石油化工厂员工的深情厚谊之信，抵达了"雷锋团"。之前，"雷锋班"副班长郑全宝带着战士们在教育训练的百忙中挤出时间来工厂做学雷锋事迹报告，为厂里的职工们传经送宝。"雷锋班"还为大家提供了宝贵的资料帮助建立学雷锋展室，用实际行动诠释了"传承"二字的重量，他们是名副其实的雷锋传人。这是一封感谢之信，也是一曲对雷锋精神永恒传唱的赞歌。

"雷锋班"26 年如一日的坚守与奉献令人动容。那些平凡而感人的事迹，是历史的回响，也是时代的强音。它们告诉我们，雷锋精神并未因时间的流逝而黯淡，反而在一代又一代人的接力中越发光明；雷锋精神也没有停留在表面的口号上，而

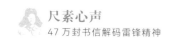

是在实践中不断深化，绽放出越来越璀璨的光芒。雷锋传人的成长，是时代的骄傲和未来的希望。

工厂与"雷锋班""同续雷锋篇，共建双文明"的倡议，像桥梁一样连接了军企双方，也连接了过去与未来。一场表面上看起来简单的帮学活动，其实更像是一次心灵的契合，一次精神的共鸣。双方共同学习雷锋精神，共同践行雷锋道路，共同培育"四有"新人，这样的合作，无疑将为社会的精神文明和物质文明建设注入新的活力。工厂全体职工以雷锋为榜样，深入开展学雷锋活动，不仅是为了加强企业的双文明建设，更是为了响应时代的呼唤，满足人民的需要。

今天，我们欣然发现，把雷锋精神转化为企业精神的事情还在发生。华为公司在"以奋斗者为本"的文化体系中，始终倡导向雷锋学习的理念。这一切，源于雷锋乐于奉献、主动付出的精神，这种精神在华为的创业历程中得到了深刻的体现。

任正非曾表示，他为华为倾尽所有，这不仅仅是他个人的承诺，更是对整个团队努力的深刻理解。在华为的创业初期，正值艰难时期，但每一位员工都以坚定的信念与不屈的斗志，携手共进，为了共同的目标而奋斗。这是他们对工作的执着，也是对理想与信念的追求。在华为的发展史上，很多人都为公司的成长付出了巨大的牺牲。尽管一些功臣获得了应有的回报，站在了风口浪尖，也接受了来自各界的赞誉与掌声，但与此同时，还有更多的人始终默默奉献，默默耕耘。或许，他们的工作并不那么显眼，甚至常常被忽视，但正是这些无名的奉献者，他们贡献的力量，才真正支撑起了华为的蓬勃发展。

在这个充满竞争与机遇的时代，奉献精神不能缺席。雷锋的名字依然响亮，他的精神依旧是我们前行路上的灯塔。无论社会如何发展，我们都需要像雷锋那样的人，用他们的善良与奉献，温暖这个世界。

日常工作和生活中我们从不刻意去做"活雷锋"，不一定经常无偿地资助他人，更多的是立足本职，从身边的一点一滴做起。做（作）为前线员工，无论工作有何差异，我们都深受雷锋精神影响，工作时都会做到心中有爱，想客户所想，急客户所及（急）。

——2014 年 11 月辽宁省抚顺市锦州银行员工陈某写给"雷锋班"的信

在 2014 年一个平常的冬日里，锦州银行的员工陈某提笔写下了这封充满了对雷锋的深切敬意和自己心中崇高追求的信。这不是一封简单的对自己和同事日常工作的总结之信，其中蕴含的热情与感动召唤着每一个人去重新认识新时代的雷锋精神，去传承这份厚重的无私奉献。这一刻，他不仅代表自己，更代表着锦州银行一代又一代员工对雷锋精神的坚定信仰与不懈追求。

雷锋精神，是一条无形的纽带，将银行的每一个员工紧紧连接，鼓舞他们在日常工作中勤勉努力，积极奉献。他在信中提到"雷锋精神如同一张通行证"，帮助我们穿越种种挑战，滋养着生命的意义与价值。正是这种深刻的理解，使得员工在追求商业利益的同时，也始终不忘回馈社会，展现出独特的风采。

信中提及的大堂经理，是一位用心服务的优秀员工，她的故事更是雷锋精神的缩影。尽管她在工作中面临身体不适的困扰，仍然以热情洋溢的姿态服务客户，体现出她对工作的热爱与责任感。这一幕感动了她身边的所有同事，让她成为每一位员工的榜样。在她的带领下，原本杂乱无序的业务大厅变得井然有序，客户在这样的环境中感受到的不仅是高效的服务，更是来自银行的温暖与关怀。

信中也提到社会上对雷锋精神的质疑声，部分人认为随着时代的发展，雷锋精神已经过时。这种狭隘的看法，无法掩盖那些依然在默默奉献的人的努力。他们明白，雷锋精神不仅仅是一句口号，更是一种深植于心的情感与责任。正是这种爱，让员工们在工作中充满激情，愿意为他人付出，不求回报。在他们的努力下，锦州银行的服务精神逐渐在社会上赢得口碑，成为一种积极向上的力量。

在他的信中，雷锋精神既是一种精神象征，也是所有员工在日常工作中坚持的行动指南。作为一线员工，他们深知责任与使命，努力践行"客户至上"的服务理念。每一次的微笑，每一个细致的服务，都是对雷锋精神的真实诠释。通过从身边的小事做起，他们用简单而真诚的行动将雷锋精神融入生活，传递到每一个客户心中。

最后，信中还提到了在抚顺建立的"雷锋班"思想教育基地。基地的建立进一步加强了学习雷锋精神的交流与合作。这种努力不仅深化了全体员工对雷锋精神的理解，也让他们在紧张工作中保持奉献的心态，为人民服务。

自雷锋精神传播开来，中国经历了从高度集中的计划经济体制向充满活力的社会主义市场经济体制的转变，从农业社会转型为工业社会，最终走向全面开放的伟大历史变革。这些时代的巨大变化深刻影响了一个民族的精神构建。然而，在不同的历史时期，那些与雷锋拥有相同精神核心的人，都在以自己的方式赋予"雷锋"社会价值的召唤和时代道德理想，雷锋精神也因此从来不是一种僵化的道德教条，而是一个与时俱进的精神标杆。

做为践行雷锋精神的己任。我走进公园，捡起白色垃圾，宣传环保知识；我走进社区，清理乱贴的广告，打扫楼道；我走进校园，清扫厚厚的积雪，爸爸妈妈被我们感染，加入到我们的行列。发扬雷锋这种甘于奉献、乐于助人的精神。

20-20

> 我走进公园，捡起白色垃圾，宣传环保知识；我走进社区，清理乱贴的广告，打扫楼道；我走进校园，清扫厚厚的积雪，爸爸妈妈被我们感染，加入到我们的行列。
>
> ——2018 年 3 月吉林省长春市雷锋小学 4 年 6 班阮同学写给"雷锋班"的信

2018 年 3 月，吉林省长春市雷锋小学 4 年 6 班阮同学在写给"雷锋班"的信中描述了自己日常生活的片段。他走进公园，清理垃圾，宣传环保；他深入社区，清除小广告，美化环境；他回到学校，清扫积雪，保障安全。他的行动如同点点星光，虽然微小，却是照亮世界的璀璨银河的组成部分。更令人欣慰的是，他的行为感染了家人，让他们也加入这个传递爱与奉献的行列中来。他以稚嫩却坚定的笔触，勾勒出一个个关于传承与奉献的动人画面，让雷锋精神在新时代的阳光下熠熠生辉。

阮同学是班长兼雷锋展室解说员，他觉得自己在雷锋小学的每一天，都像置身于一片充满正能量的海洋，每一次呼吸都能感受到一种自豪感与使命感。他深知，作为解说员，自己不仅是历史的讲述者，更是雷锋精神的传承者。通过参与雷锋展室解说员的选拔与评比，他与雷锋叔叔进行了一场穿越时空心灵的对话。从雷锋苦难而坚韧的童年，到他毅然投身国家建设的英勇身影，再到他参军报国、无私奉献的壮丽篇章，每一个细节都深深触动了阮同学的心弦。他在学习和讲述过程中，仿佛亲眼见证了那份纯粹与伟大，对雷锋产生了难以言喻的敬仰与向往。

"如果你是一滴水，你是否滋润了一片土地？如果你是一线阳光，你是否照亮了一份黑暗？"雷锋的话语在阮同学的心中久久回响，成为他个人成长的指引。他深知，作为一个人，真正的价值不在于拥有多少，而在于给予多少；真正的幸福不在于享受多少，而在于奉献多少。因此，他立志要像雷锋叔叔那样，从身边的小事做起，用爱心和行动去温暖他人、照亮世界。

阮同学相信，在雷锋事迹的感召下，会有越来越多的人加入传承与弘扬雷锋精神的行列中来，共同书写属于新时代的雷锋故事。而所有的这些美好的愿景，都将从这一封充满温情与力量的信件中悄然绽放。

六十多年的坚守

> 我们制定了一系列计划，把学雷锋与加强劳动纪律、端正劳动态度紧密地结合起来，不搞形式主义，做到扎扎实实，真正把雷锋精神学到手，让雷锋精神成为我们行动的指南，爱憎分明，立场坚定，艰苦奋斗，全心全意为人民服务，做一个对党、对人民、对国家有用的青年。
>
> ——1990年2月浙江省舟山市海军某机关第一团支部写给"雷锋班"的信

在春风拂面、万物复苏的季节里，一封承载着深情厚谊与崇高理想的信件，穿越了岁月的长廊，从1990年的浙江省舟山市海军某机关第一团支部，轻轻落在了"雷锋班"的案头。这一纸问候，是时代精神的共鸣，也是对雷锋精神无限敬仰与传承的深情呼唤。

信中，第一团支部的团员青年们，用饱含激情的文字，表达了对"雷锋班"战友们的深切敬意，以及他们对与"雷锋班"成员进行交流的热切期盼。他们深知，雷锋精神不仅仅是助人为乐、无私奉献的简单行为，更是一种深刻的人生哲学，一种对党、对人民、对国家无限忠诚与热爱的体现。这种精神激励着他们不断自我完善，努力成为有理想、有道德、有文化、有纪律的新时代青年。

在团中央的号召下，该海军某机关第一团支部积极响应，将学雷锋活动融入日常，与加强劳动纪律、端正劳动态度紧密结合，力求避免形式主义，让雷锋精神真正内化于心、外化于行。他们深知，真正的学习不仅仅是口头的宣扬，更是行动的实践；真正的传承，是将雷锋精神融入生活的每一个细节之中，使之成为指导自己行为的准则。

信中，他们还向"雷锋班"的战友们提出了真诚的请求，希望能够分享他们学雷锋的宝贵经验。这份渴望体现了他们对雷锋精神的深刻理解和高度认同，也展现了他们希望与"雷锋班"战友携手并进、共同提高的坚定决心。他们相信，通过交流与学习，定能将雷锋精神发扬光大，让其在新的时代背景下焕发出更加绚丽的光彩。

最后，信中对"雷锋班"的战友们寄予了美好的祝愿与殷切的期望。他们希望"雷锋班"的战友们能够继续传承雷锋精神，踏着时代的节拍，奏响社会主义精神文明的和谐乐章。同时，他们也表达了为涌现出更多雷锋式青年而共同努力的决心与信心。这份信念与力量，将激励着一代又一代的青年人，在雷锋精神的指引下，不断前行、不断超越自我，为中华民族的伟大复兴贡献自己的力量。

记得 2019 年我去雷锋纪念馆参观时，你亲笔为我写下了"永远学习雷锋"，我至今珍藏着，铭记着，永远激励着我们。

——2021 年 3 月 5 日辽宁省沈阳市铁西区红粉路永善社区全体同志写给雷锋战友乔安山的信

这是一封沈阳市铁西区红粉路永善社区全体同志写给雷锋战友乔安山的信。这封信，是新时代人们对一位老战士深沉情感的共鸣，也是对红色基因代代相传的坚定誓言。

乔安山是雷锋的战友，与雷锋仅相差一岁，如今已是 80 多岁的高龄。尽管岁月在他身上留下了痕迹，他依然满怀激情地奔赴全国各地，宣讲雷锋的感人事迹。作为全国范围内线下宣传雷锋精神的先锋，乔安山的足迹遍布大江南北，很多人都见证过他讲述雷锋故事的动人瞬间。每一次的宣传，他都倾注了满腔的情感，就像是在与雷锋的灵魂对话；每一次的演讲，他的眼中都闪烁着对战友的深切怀念和对雷锋精神的坚定信仰。尽管现在老人的身体状况不佳，但他在收到参加雷锋事迹宣讲活动的邀请时，仍然会毫不犹豫地回应："只要一息尚存，我就要传承雷锋精神。"

致信人从纪念毛泽东为雷锋同志题词 58 周年开始，缓缓铺陈开对雷锋同志的敬意与怀念。3 月 5 日这一天，不仅仅是一个简单的时间刻度，更是雷锋精神的光芒永不熄灭的见证。致信人选择在这个具有特殊意义的日子里寄出这封信，无疑是向雷锋精神致以最崇高、最深情的敬礼。这封信承载着对一个伟大灵魂的深深缅怀，表达了对乔安山——这位曾与雷锋并肩作战、共同书写时代篇章的战友——最为真挚的关怀与祝福。所有的人都能与致信人产生同样的跨越时空的情感共鸣，以及对乔安山坚持不懈传承雷锋精神的高尚情操的无限敬仰。

致信人在信中提到自己 2019 年那次令人难忘的雷锋纪念馆之行，乔安山亲自题写的"永远学习雷锋"如同一颗珍贵的种子，悄然在他的心田生根发芽，最终成为激励他不断前行的力量之源。这简单的 6 个字，蕴含着深邃的情感与无尽的温暖，激励着每一位后来者，推动着他们勇敢地追寻雷锋的足迹，感受那份无私奉献的精神。每当写信人回忆起这段经历，心中便会涌起一股温暖的力量，让他在人生的旅途上，始终铭记着要以雷锋为榜样，坚定地走在传承与弘扬雷锋精神的道路上。

致信人还在信中表达了对乔安山健康、长寿的衷心祝愿，还记述了社区群众热情参与当天学雷锋活动的场景。社区群众以实际行动，践行雷锋精神，倾听乔安山讲述雷锋的故事。电视屏幕上的乔安山，精神矍铄，乐观豁达，但当话题触及那位已逝的老班长时，泪水不禁夺眶而出。这一幕，深深触动着每个人的心弦。泪水，是情感的流露，是对战友深情的怀念，更是对那段光辉岁月的无尽追忆。社区群众与乔安山在这一刻心灵相通，共同缅怀那位伟大的战士，共同感受那份跨越生死的兄弟情谊。

结尾处，"弘扬雷锋精神，让雷锋精神永驻，我们永远地学

习雷锋",这不仅是致信人的心声,更是亿万中华儿女的共同誓言。这封信,是社区群众对乔安山的深情厚谊,是对雷锋精神的崇高敬仰,更是对红色基因代代相传的坚定信念。

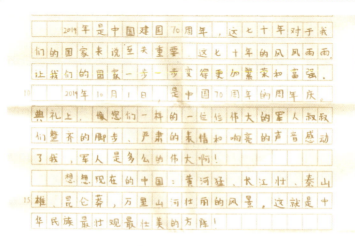

2019 年是新中国成立七十周年,这七十年对于我们的国家来说,至关重要,这七十年的风风雨雨,让我们的国家一步一步变得更加繁荣和富强。

想想现在的中国:黄河猛、长江壮、泰山雄、昆仑莽,万里山河壮丽的风景。这就是中华民族最壮观最壮美的方阵!

——2020 年 1 月 19 日北京雷锋小学四年三班罗同学写给"雷锋班"的信

在这封信中，罗同学歌颂了伟大祖国 70 年的沧桑巨变，赞美伟大祖国的繁荣富强，展现了这位同学对祖国的无比赞叹和热爱之情。特别是赞美了国庆阅兵式上，中国人民解放军的伟大形象对他产生强大的榜样力量，"军人叔叔们整齐的脚步，严肃的表情，响亮的声音"，都感动了这位新时代的少年。因为雷锋叔叔也是一位伟大的军人，这位少年通过给"雷锋班"写信，讴歌赞美了中国人民解放军。接着，这位同学又描写了祖国的大好河山，以衬托中华民族的威武强盛。

2013 年 3 月 6 日，习近平总书记在参加十二届全国人大一次会议辽宁代表团审议时深刻指出："雷锋、郭明义、罗阳身上所具有的信念的能量、大爱的胸怀、忘我的精神、进取的锐气，正是我们民族精神的最好写照，他们都是我们'民族的脊梁'。"

2022 年 11 月 12 日，习近平总书记给中国航空工业集团沈飞"罗阳青年突击队"队员们回信，鼓励和鞭策"罗阳青年突击队"的队员们，"以罗阳同志为榜样，扎根航空装备研制一线，在急难险重任务中携手拼搏奉献"，要求"罗阳青年突击队"队员们"把党的二十大描绘的宏伟蓝图变成现实"，号召队员们"继续弘扬航空报国精神，心往一处想，劲往一处使，在推动航空科技自立自强上奋勇攀登，在促进航空工业高质量发展上积极作为，争做有理想、敢担当、能吃苦、肯奋斗的新时代好青年，为全面建设社会主义现代化国家、全面推进中华民族伟大复兴作出新贡献"。

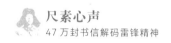

　　在现实生活中，以英模人物为榜样，充分发挥英模人物各方面的榜样作用，大力激发社会正能量，弘扬雷锋精神的时代价值，以实际行动书写新时代的雷锋故事，为强国建设、民族复兴提供强大精神动力。

第三章
思想的碰撞

　　思想是推动社会进步的力量，而书信则是传递思想的桥梁。书信中的每一句话，都是时代的回响，记录着人们对理想、信仰和价值的思考。在这些信件中，我们能感受到人与人之间的深刻交流。青少年在书信中表达对未来的憧憬，长者则反思自己的过往与对社会的责任。这些声音交织在一起，形成了一幅丰富多彩的思想画卷。每一个故事都反映出时代的变迁与人心的变化，让我们在回顾历史的同时，思考自身的使命与担当。

　　《人民日报》曾说："雷锋精神与其说系于雷锋一人，不如说是共和国一代代建设者薪火相传的精神谱系和集体群像。"这种精神在不同的历史背景下，对人们有着不同的意义。通过这些书信，我们感到无论时代如何变迁，奉献与爱的精神始终是人类文明的重要基石。我们每一个人都可以在生活中找到属于自己的信念，去追求更高的理想。让我们一同深入这些思想的碰撞中，汲取智慧与力量，激励自己在生活中不断前行。

信仰的力量

　　我们"董存瑞班"的全体同志接连不断地看到了雷锋烈士的光荣事迹，我们都感动地流下了热泪。我们感到雷锋同志所取得的一些成绩与你们的帮助和支持是分不开的。我们想和你们结为"学雷锋联谊班"，请你们满足我们的要求。

　　　　——1963 年 2 月"董存瑞班"写给"雷锋班"的信

　　"董存瑞班"是最早写信给"雷锋班"要求结对子学雷锋的团体。

　　同时，董存瑞也是雷锋学习的英烈。

　　1948 年 5 月 25 日，年仅 19 岁的董存瑞，在解放河北省承德市隆化县的壮烈战役中骤然陨落，生命永远定格在了为新中国奋斗的征途上。他被追授为战斗英雄，其名永载史册。

　　在电影《董存瑞》中，董存瑞身姿挺拔于桥下暗影之中，手擎炸药包，眼神中闪烁着坚定的光芒，他高声喊道："为了新中国，前进！"这一幕深深地镌刻在人们的心上，成为激励后人的时代经典。

而董存瑞这位英勇无畏的战士，也成为雷锋心中那座不灭的灯塔。自幼年起，雷锋便对这位英雄满怀敬仰之情，将他视为自己学习的榜样。与雷锋在望城共同度过那段青涩岁月的人至今仍清晰地记得，他们总爱围坐在篝火旁，聆听英雄们的故事，眼中闪烁着对未来的无限憧憬与渴望。那时的雷锋常说："我要向英雄学习，成为像他们一样的人。"

时光荏苒，1960年1月8日，这是一个对雷锋而言意义非凡的日子——他在这一天正式踏上了军旅生涯。在入伍的第一天，雷锋满怀激动的心情，在日记本上郑重地写下了自己的誓言：

> 这天是我永远不能忘记的日子，这天是我最大的荣幸和光荣的日子……我一定要向董存瑞、黄继光、安业民等英雄学习……我一定要在部队争取立功当英雄，我一定要做一个毛泽东时代的好战士，我要把我可爱的青春献给祖国最壮丽的事业……我一定不辜负党对我的教育和期望……全心全意保卫国防，成为一个优秀的国防军战士。

1月9日，雷锋又观看了电影《董存瑞》。雷锋在日记中写道：

> 当我看到战斗英雄董存瑞英勇炸碉堡的时候，我感动得流下了热泪，决心向他学习。

1961年2月3日，21岁的雷锋到海城炮兵第十一师司令部做报告。这里就是战斗英雄董存瑞所在的老部队，雷锋见到了董存瑞的亲密战友郅顺义。

同一天，雷锋在日记中写道：

> 今天我到达海城××部队后，上午做了一场报告，下午我和郅顺义老英雄见了面。……老英雄抚摸着我的头，紧紧地握着我的手，亲切地问我多大年纪，什么时候入伍的，同时还倒给我一杯茶。当时，我的心像抱着一只小兔子一样，怦怦直跳，有一肚子话可不知咋样说好。我听说老英雄是董存瑞的亲密战友，我的心像压不住似的要往外蹦，万分敬佩和羡慕地叫他给我讲董存瑞的英雄事迹。

董存瑞是雷锋心中的英雄。雷锋牺牲后，"董存瑞班"回应了这份崇拜与情怀，成为第一个与"雷锋班"结成学雷锋对子的团体。他们不仅铭记着雷锋的奉献精神，更承载着董存瑞那份无畏的使命感，携手共进，传承着英雄的火炬。他们用实际行动诠释着什么是无私奉献，什么是勇敢追梦。

从 1963 年 3 月，"雷锋班"与"董存瑞班"正式结为"学雷锋联谊班"起，"雷锋班"又先后与"王杰班""黄继光班""欧阳海班""国旗班""南京路上好八连"等 30 多个先进集体结成了学雷锋对子，使雷锋精神在这些地方生根、发芽、开花、结果。

> 从今以后我坚决要向革命烈士雷锋同志好好学习，坚决当第二个雷锋，我坚决做暴风雨中的松柏，绝不当温室中的弱苗。我坚决当一个不生锈的螺丝钉，绝不当不顶用的坏废品。
>
> ——1963年2月河南省禹县第二初中王同学写给"雷锋班"的信

时光回溯至1963年2月，那是一个春意尚未全然绽放，而人们心中却已涌动着无限感慨与敬仰的时节。雷锋同志这位用短暂生命书写不朽篇章的英雄，刚刚离开我们，但他的精神如同璀璨星辰，照亮了无数人的心灵。

雷锋牺牲后，雷锋精神在全国范围内迅速地传递开来。雷锋精神如同一缕春风，悄然吹拂进每一个青少年的心田。许多学校开始积极响应，组织"雷锋班""雷锋中队"，这些班级以学习雷锋精神为目标，在日常生活中助人为乐。学生们在学习中相互鼓励，以争当"第二个雷锋"为共同的理想。

在这样的背景下，一封来自河南省禹县第二初中的信件，穿越千山万水，静静地躺在了"雷锋班"同志们的案头。这封看起来平凡的信，承载着一位少年纯真的心愿与坚定的信念。信的开头，略显稚嫩的字迹饱含深情："亲爱的全体同志们，我看到了你们的决心后，心中十分羡慕你们。"

这位初中生也写道："近几天我在中国青年报上亲眼看到

出现了许许多多的'雷锋班'集体都是决心向雷锋学习，争取做到第二个雷锋。"一句朴实无华的话语，展现了他心中的热情与坚定。这位同学表达了自己对雷锋精神的认同，同时也在为自身要承担的责任而宣誓。他在呼唤更多的同学加入这场追寻雷锋足迹的行动中，像雷锋那样，努力做到关心他人、服务社会。字里行间流露出了一个学生对优秀的渴望，对同龄人的激励与号召。

他信中写道："从今以后我坚决要向革命烈士同志雷锋好好学习，坚决当第二个雷锋。我坚决做暴风雨中的松柏，绝不当温室中的弱苗。我坚决当一个不生锈的螺丝钉，绝不当不顶用的坏废品。"他选择成为"暴风雨中的松柏"，愿意在逆境中成长，坚定不移地追求自己的信念，像松柏一样屹立不倒。他愿意做"不生锈的螺丝钉"，因为他明白，一个人要在社会中发挥作用，就必须有实实在在的贡献。他说"绝不当不顶用的坏废品"，是对自己人生方向的坚决选择。他不希望自己在平凡的生活中消磨掉理想，而是要努力成为可以依靠的力量，在集体和社会中发挥出应有的作用。

这番话展现出那个年代的年轻人对未来的无限憧憬。他们受到了雷锋精神的感染，渴望在奉献与服务中找到自己的价值。这种对理想的执着追求，不仅是少年心中的梦想，更是整个社会向前发展的动力。雷锋精神成为道德建设的重要组成部分，激励着无数青年为实现理想而努力奋斗。每一个为了他人付出、努力工作的人，都是在为雷锋精神的延续添砖加瓦。

这封信，不仅仅是一个初中生对雷锋的敬仰与怀念，更是雷锋精神在年青一代中传承与发扬的生动写照。在那个物质相对匮乏，精神却异常丰富的年代，雷锋精神如同一股清泉，滋润着无数人的心田，激励着他们向着更加美好的未来迈进。年轻的心灵在追求真理与奉献的道路上，汇聚成一股强大的力量，推动着整个社会向前迈进。

自 1965 年国防部命名我们班为"王杰班"以来，在全班同志的共同努力下，继承和发扬了老班长王杰同志"两不怕"的革命精神，在各项工作中做出了一些成绩，多次受到了上级首长和同志们的高度赞扬，仅去年一年，我们班就荣立集体二等功、集体三等功各一次，并被师党委树为建设社会主义精神文明标兵班。

——1983 年 2 月"王杰班"全体写给"雷锋班"的信

1965 年 7 月 14 日，工兵营地爆连 5 班班长王杰在江苏省邳县张楼公社（现邳州市运河镇）组织民兵实爆训练时，因炸药包发生意外爆炸，为保护在场的 12 名民兵和人武干部，毅然扑向炸点，英勇牺牲。

人们在整理王杰留下的遗物时，发现了一册册厚重的日记，字里行间跳跃着他滚烫的热血与不朽的灵魂。这 10 万余字的日记是他崇高思想境界的见证。"我要一不怕苦,二不怕死,做一个大无畏的人!""什么是理想,革命到底就是理想;什么是幸福,为人民服务就是幸福……"这些质朴的话语如清泉般洗涤着人们的心灵,令人动容。看过电影《自有后来人》,他在日记中写下这样的誓言:"只要革命需要,我一定像李玉和那样视死如归,不怕牺牲,直到战斗的最后一秒钟。"不久之后,王杰奉命执行民兵训练任务,也正是在这次任务中,献出了年仅23 岁的宝贵生命。

王杰的事迹引起了党和国家领导人的关注和赞扬,毛泽东、周恩来、朱德高度评价王杰"一不怕苦,二不怕死"的精神。1965 年 11 月 15 日,周恩来总理在看完王杰的日记后,还亲笔录下王杰写的一首诗:"座座高山耸入云,我们施工为人民,不怕工作苦和累,愿把青春献人民。"在王杰同志牺牲 4 个多月后,国防部命名他生前所在班为"王杰班"。

"王杰班"与"雷锋班"保持着"10 多年的书信往来",这让他们之间结下了深厚的友谊。在这封信中,"王杰班"的战友们通过学习讨论,感受到来自北部边疆的"雷锋班"的鼓舞力量,切实地将这些精神财富转化为动力,激励着他们在新的一年里,勇敢地面对党和人民所交付的各项任务。

信中有一句意味深长的话:"书信就是我们互通心声的桥梁。"这个生动的比喻描绘了战友间的深厚情谊以及共同追求的理想。尽管身处不同的地方,他们依然通过文字构筑起了心灵互通的桥梁。信中的回顾与反思,体现了战士们对英雄人物的敬仰与自我期许。在这个追求进步的时代，"王杰班"坚定地选择了阔步前行，而非停留在已有的成绩上。这样的姿态，既是对自我的鞭策，也是对雷锋精神的传承与弘扬。

"王杰班"的战友们在信中回顾了老班长王杰的革命精神，深深铭记着他"为人民服务"的信念与自我牺牲的精神。在信中，他们提到自 1965 年班级被命名为"王杰班"以来，全班同志始终努力践行王杰的精神，并取得了显著的成绩。这既是对王杰同志的缅怀，也是对雷锋精神的弘扬。每一次集体荣誉的获得，都是他们心中伟大理想的体现，也是对党和人民深厚感情的回应。

在信的结尾，"王杰班"的战友们向"雷锋班"表达了敬意，还看到了自己与对方的差距，决心在新的一年里发扬成绩、克服不足。这种自我反省与进取的精神，也是对雷锋精神最好的诠释与传承。

这封信，不仅是"王杰班"与"雷锋班"之间的互动，更是那个时代年轻人对理想的执着追求与对英雄精神的传承。雷锋和王杰精神是中华民族传统美德和中国革命伟大精神的集中体现。继承并传承他们的精神更是时代赋予我们的重大历史使命。而"王杰班"和"雷锋班"成员的责任更加重大。这两个英雄班的历届成员都为此做出了巨大的努力，取得了可喜的成果。1990 年 3 月 1 日，《解放军报》报道了"雷锋班"和"王杰班"在抚顺市正式结为"英雄友谊班"的事情。60 多年来，尽管"雷锋班"和"王杰班"的同志换了一茬又一茬，但他们始终不渝地坚持学雷锋、学王杰，续写实践英雄精神的新篇章。

时代的回响

雷锋班全体同志们，我迫切要求你们给我来信谈谈，是不是一个人犯了错误就一直是不好的。什么叫做"有涵养"？什么叫做"印象好"？……

——1963 年 11 月郑州市第三人民医院医疗班宋同学写给"雷锋班"的信

这是 1963 年一个医疗班的学生写给"雷锋班"的一封信，表达了他在学习和生活中遇到的困难与困惑。

宋同学在信中回顾了自己刚进入"医疗班"时的信心和决心，表示希望继承父母的医学事业，努力成为一名优秀的人民医生。但由于自身知识基础薄弱和高考落榜，他的学习状态逐渐下滑，产生了自我怀疑和迷茫。同学和老师对他进行了批评，他也认为自己在学习上不够努力，态度消极，从而感到与同学之间的隔阂，甚至感到自己被孤立。他开始反思自己是否因为犯了错误就永远被否定，这表现出他对社会认同的追求和个人价值的重新思考。宋同学希望能够得到"雷锋班"战士们的指

导与帮助。我们不难从信中看出这个年轻人在面对挫折时的脆弱与渴望，这也从一个侧面反映了当时社会对青年成长的关注和期望。

宋同学开篇直言"我是一个青年学生，在学习和生活的道路中遇到了困难"，提到自己进入医疗班时"信心百倍"，并立志要"继承祖国的医学事业和父母的事业"。他的父母都是医务工作者，这种背景给了他学习医学的动力与使命感。同时，他希望能成为"又红又专的人民医生"。

然而，随着学习的深入，宋同学开始面临现实的挑战。他坦言"由于我基础差"，以及在高考中落榜的经历，他感到自信心的动摇，开始对自我价值产生了质疑。接下来，他详细介绍了自己的心理变化：从最初的积极向上，到后来的"堕落"，他感受到来自同学的压力和对自己的批评，尤其是"有时说话不够真实"这样的评价，让他在情感上倍感失落。

同学的批评更让他陷入了自我怀疑的困境。对于"说话少了"的自我调适，实际上是他试图迎合同学们期望的表现，但这种迎合并没有帮助他解决内心的困惑，反而加深了他与同学之间的隔阂。他在信中写道："我成天是想入非非。"他在学习中变得不再主动，课堂上也不再认真听讲，这与他最初的积极态度形成了鲜明的对比。信的后半部分，他迫切地向"雷锋班"求助，询问"是不是一个人犯了错误就一直是不好的"。他渴望理解与支持，想要找回失去的自信与方向。同时，他对"有涵养"和"印象好"的疑问，不仅是个人的困惑，也是当时社会对年轻人成长过程中道德与价值观的关注。

这位身陷心理困惑的学生，怀着内心深处的挣扎与疑惑，写下这封信，寄给了"雷锋班"。这封信是他求助的呼声，体现了他对"雷锋班"的深厚信任。作为一个以无私奉献和乐于助人著称的集体，"雷锋班"象征着理想与责任，代表着一种积极向上的生活态度和坚定不移的信仰。对这个学生而言，"雷锋班"不是一个普通的班级，而是他理想中的榜样，是他渴望倾诉心声、寻求指导的港湾。在充满压力和困惑的阶段，他希望能从"雷锋班"身上获得力量，找到克服心理困扰的方法。这样的信任，既是对雷锋精神的认同，也是对自身价值的追寻。

在这样一封信中，我们能够感受到年轻人在面对困境时对榜样力量的依赖与渴望。在"雷锋班"的陪伴与启发下，他期望能够面对自己的内心，战胜困境，找到属于自己的光明与希望。这样的故事，无疑彰显了雷锋精神在青少年成长的道路上的引导作用。

今年的八月份，我国的南方先是发了百年不遇的特大洪水。不久，在我们北方也是洪水泛滥，就在这种紧急的情况下，你们毫无怨言地投入了战斗中，最后终于保住了几个大城市，战胜了洪水。如果没有你们，那滔滔洪水一

今年的八月份，我国的南方先是发了百年不遇的特大洪水。不久，在我们北方也是洪水泛滥，就在这种紧急的情况下，你们毫无怨言地投入了战斗中，最后终于保住了几个大城市，战胜了洪水。

——1998 年 12 月辽宁省沈阳市三十八中学张同学写给"雷锋班"的信

1998 年，一场洪水如猛兽般侵袭了大半个中国，长江、松花江、珠江纷纷告急，滔滔巨浪吞噬了大片土地，波及了超过 2 亿人。在这危急时刻，军民同心，齐心协力，严阵以待，顽强战斗，令人动容的场景在洪水中不断上演。

在这场生死攸关的斗争中，英雄的解放军战士以无畏的姿态面对自然的愤怒，描绘出了一幅幅感人至深的画卷。无论是坚守在洪水前线的解放军官兵，还是奋战在抗洪一线的普通百姓，他们用自己的努力战胜了洪水，形成了"万众一心、众志成城，不怕困难、顽强拼搏，坚韧不拔、敢于胜利"的抗洪精神，成为中华民族新的精神丰碑。

这场大水成为无数人心中难以磨灭的记忆。这位中学生正是怀着对生活的思考与对英雄的敬仰，写下了这封致"雷锋班"的信。这封信，是他对这场灾难的思考，也是他对救援者们的由衷感激与崇敬。

在信中，这位年轻的学生用朴素而真挚的语言，描绘了解放军战士与洪水战斗、保卫城市的英勇场景。他清楚地意识到，如果没有这些无怨无悔的英雄，城市将会在洪水的肆虐下化为一片废墟，国家也将遭受无可估量的损失。这样的思考，折射出他对国家和社会的深切关怀，显示了他对崇高理想的向往与渴望。在洪水与英雄之间，他找到了一个鲜明的对比：洪水是无情的，但人却是有情的，这种思辨促进了他对人性光辉的理解。

张同学在信中温暖地询问："你们好吗？"简单的一问饱含了他对"雷锋班"战士们的关心与敬意。他知道，英雄在与洪水搏斗的过程中，必定经历了极大的痛苦与牺牲。这样的情感流露，展现了他内心的善良与责任感，也让我们看到，年青一代正以这样的态度——无私奉献、勇往直前，继承与传承着雷锋精神。

这位中学生通过这封信表达了对英雄的崇拜，更表明了他愿意学习这种精神的决心。他立志向"雷锋班"的叔叔们看齐，学习他们舍生忘死、奋不顾身的奉献精神。这种积极向上的态度，彰显了他的责任感与使命感。

他在信中提到我们"向世界证明了国家的强盛"，这是对国家力量与人民团结精神的赞扬。在这一过程中，解放军成了无数青少年心中的灯塔，引导他们在困难面前勇敢前行，激励着他们在未来的人生道路上能够以实际行动践行雷锋精神，成为他人心中的英雄。

这封信所承载的情感、思考与信念，正是那一代人对社会责任的认同与对英雄精神的追求。多年来，它如涓涓细流般滋润着

无数年轻的心灵，让他们在面对生活的风雨时，心中始终怀揣着对英雄的敬仰与追随，坚定地走向未来。这样的传承，使雷锋精神在新时代得以延续，并成为社会向前发展的重要动力。

雷锋同志的精神非常值得我们学习发扬和继承，我会一直把雷锋同志作为我心中永远的航标。我相信我的全体战友也会像我一样永远学习他的。

——2003 年 3 月某部队赵战士写给"雷锋班"的信

2003 年 3 月 5 日是毛泽东等老一辈无产阶级革命家为雷锋同志题词 40 周年纪念日，与此同时，总政也通报了表彰学雷锋先进集体和个人名单。写信的这位赵战士正是被表彰集体中的一员。赵战士与有荣焉的同时，也想表达对雷锋的敬仰，因此写了这封信。

赵战士自小便怀揣着对军营的憧憬，梦想着有朝一日能像雷锋那样，手持钢枪，守护家国安宁。如今，他已将这份梦想化为现实，成为中国人民解放军光荣的一员。穿上军装的那一刻，不仅是身份的转变，更是心灵深处对责任与使命的深刻认同。他深知，接过雷锋手中的枪，不仅是继承了保卫国家的重任，更是接过了那份无私奉献、全心全意为人民服务的崇高精神。

信中，他满怀深情地提到，自己与战友们正是受到雷锋精神的感召，才在各自的岗位上不懈努力，最终赢得了总政的表彰，成为学雷锋先进集体的一员。这份荣誉，是对他们行动的肯定，更是对雷锋精神不断发扬光大的最好证明。战士们用实际行动诠释了"学习雷锋好榜样"的深刻内涵，让雷锋精神绽放出更加璀璨的光芒。

信中流露出的是赵战士对雷锋精神的无比崇敬与坚定信仰。他视雷锋为心中永远的航标，不仅自己矢志不渝地追随，还坚信战友们也会与他一样，将这份精神内化于心、外化于行。这份信念的力量，如同磁石一般，吸引着更多志同道合的灵魂，共同汇聚成一股推动社会进步的正能量。

最后，赵战士还提到了指导员带回的《雷锋》一书，书中那些关于雷锋的点点滴滴，让他仿佛穿越时空的隧道，再次感受到了那份纯真与伟大。雷锋的事迹，不仅仅是历史的记忆，更是激励后人不断前行的精神灯塔。

这封信，不仅是一位战士个人情感的抒发，更是对雷锋精神传承与发展的深情呼唤。它让我们看到，在无数像这位战士一样的年轻人心中，雷锋精神依然鲜活如初，它将继续引领着更多青年投身到实现中华民族伟大复兴的征程中，成为推动社会和谐与进步的重要力量。

创新的火花

习近平总书记对深入开展学雷锋活动做出重要指示强调，"新征程上，要深刻把握雷锋精神的时代内涵""让学雷锋活动融入日常、化作经常，让雷锋精神在新时代绽放更加璀璨的光芒"。

习近平总书记的重要指示，深刻阐明了新时代雷锋精神的丰富内涵、时代价值、职责使命和实践要求，以及新时代为什么要学雷锋、学什么、怎样学等重大时代课题，提出的新论述、新观点科学回答了推进学雷锋活动一系列方向性、全局性、战略性的重大问题，为学雷锋活动向纵深发展指明了新方向，是新时代学雷锋的动员令和冲锋号。我们要深入学习领会，抓好贯彻落实，在谱写中国式现代化的新征程上把雷锋精神代代传承下去。

雷锋精神是与时俱进的，随着时代的发展被不断赋予新的内涵，一代又一代"活雷锋"传播和延续着雷锋精神的价值理念，丰富着雷锋精神的时代内涵，彰显了雷锋精神的永恒魅力。雷锋精神的内涵随着时代的进步而不断发展。深刻把握雷锋精神的时代内涵，就要加强对雷锋精神的时代性解读，将雷锋精神融入时代脉搏，用发展的眼光来看待雷锋精神，用发展的思维来对待雷锋精神，用发展的观念来解析雷锋精神。

做为一名新时期的小学生，要坚持不断完善自己，努力提高自身的思想道德刻苦学习掌握本领，关爱身边的每个人。我相信，你我都可以成为新时代的雷锋。

做（作）为一名新时期的小学生，要坚持不断完善自己，努力提高自身的思想道德刻苦学习掌握本领，关爱身边的每个人。我相信，你我都可以成为新时代的雷锋。

——2015 年 7 月辽宁省抚顺市雷锋第二小学商同学写给"雷锋班"的信

2015 年，一位来自辽宁省抚顺市雷锋第二小学的商同学在给"雷锋班"的信中，写下了"我相信，你我都可以成为新时代的雷锋"这样的话语。在这简单而又富有力量的陈述中，蕴藏着对雷锋精神的深刻思考。

商同学用稚嫩的笔触描绘出一种可能性——每一个普通的孩子，都能在生活的土壤中，汲取成长的养分，绽放出属于自己的光芒。雷锋，这位在历史长河中熠熠生辉的英雄，似乎并不是遥不可及的神话，因为无论是在课堂上埋头苦读，还是在课间乐于助人，这些平凡的点滴，都可以汇聚成一股强大的力量，使我们在新时代中，找到属于自己的位置。

在新时代背景下，雷锋精神被赋予了新的生命。它不仅是自我牺牲的奉献，更是对他人深切的关怀与理解。"你我"这一简单的词语像一根无形的丝线一样，将大家的心灵紧紧连在一起。商同学用简单、朴实的语言，表达出团结的力量。她希望大家不仅仅追求个人的成功，更要把目光投向身边的同伴，去关注、去帮助那些需要帮助的人。正是这种互助的精神，让每个人在追逐梦想的旅途中，倍感温暖。她在呼唤我们共同肩负起社会的责任，成为照亮彼此奋斗之路的那道光。

这封信蕴含着新时代青少年心中澎湃的热情。这份热情，不仅让雷锋精神在当代得以传承，更让每一个人都能在努力中找到属于自己的光辉，成为新时代的雷锋。

在这个充满活力的新时代，雷锋精神依然以它独特的方式，深深扎根于每个年轻人的心田。商同学在信中提到的"钉子"精神——一种善于钻研、勇于坚持的态度，便是雷锋精神的生动体现。在当今社会，青少年面对知识的海洋与竞争的压力，更需要具备这种执着与坚韧，才能在生活与学习中不断突破自我，实现梦想。这既反映了时代要求，也传递出积极向上的人生态度。

商同学在信中强调将雷锋精神与日常生活相结合，倡导在学习中刻苦努力，帮助身边的同学，展现了对集体的关爱与责任感。这种"小事"的积累，正是雷锋精神的真实写照。她所提到的"从做好每一个平凡的小事开始"，让我们看到，真正的奉献并不需要惊天动地，而是源于对生活点滴的关注与付出。无论是拾起地上的纸屑，还是在学习中关心同学，这些微不足道的小事，都是雷锋精神在新时代的具体体现，如涓涓细流汇聚成江河，最终形成改变社会的强大力量。

在这封信中，商同学对自我的要求更是显得格外成熟。她意识到，作为一名新时代的小学生，不仅要努力学习知识，还要不断提升自己的思想道德水平。这种自我完善的意识，正是雷锋精神所倡导的奉献与责任感的延续。在如今这个信息化、全球化的时代，培养这样的品德与意识，对青少年的成长至关重要。她相信，只要每个人都能做到这一点，便能成为新时代的雷锋，成为推动社会进步的力量。

我们作为最有朝气的一代，作为二十一世纪国家建设的生力军，作为建设社会主义、共产主义的预备队和接班人，我们肩上的担子既沉重又光荣，实现民族伟大复兴的重任将历史地落在我们身上，我们将以雷锋叔叔为榜样，弘扬雷锋精神，使雷锋精神代代相传，使自己真正成为有理想、有文化、有道德、有纪律的一代新人，并努力学习科学文化知识，增长才干，练就一身过硬的为人民服务的本领，做个有用的人。

——2017 年 8 月辽宁省抚顺市雷锋第二小学二（1）中队写给"雷锋班"的信

2017 年，在第 90 个建军节来临之际，辽宁省抚顺市雷锋第二小学二（1）中队的学生向"雷锋班"战士致以节日的问候，并写下了"以雷锋叔叔为榜样，弘扬雷锋精神，使雷锋精神代代相传"这样的话语，表达出了他们对雷锋同志的崇敬之情，以及对雷锋精神的深刻认同。

1927 年 8 月 1 日，中国共产党领导发动了南昌起义，打响武装反抗国民党反动派的第一枪，于是决定将 8 月 1 日设为中国工农红军成立纪念日。中华人民共和国成立后，纪念日改称为中国人民解放军建军节，以此来纪念人民军队的诞生和艰辛历程，激发战士们的爱国热情和捍卫国家的斗志，传承红色基因。对此，二（1）中队的学生也在信中表达了自己对解放军的慰问，他们认为中国人民解放军是一支具有光荣革命传统、战无不胜的人民军队，90 年的战斗历程、英勇行为和顽强战斗精神进一步证明，人民解放军是人民的忠诚卫士，是维护祖国统一的坚强柱石，是坚不可摧的钢铁长城。

"雷锋班"因雷锋同志而得名，它始终走在学雷锋的前列，是一个人人称模范、年年当先进的光荣集体。"雷锋班"自诞生以来，就用雷锋精神引领每一名士兵，努力让雷锋精神的种子在部队里开花结果，将雷锋精神发扬光大。

随着时代的变迁，雷锋精神一直在不停变换主题，其精神内涵也在不断丰富。在新时代背景下，雷锋精神是热爱党、热爱祖国、热爱社会主义的崇高理想和坚定信念，是服务人民、助人为乐的奉献精神，是干一行爱一行、专一行精一行的敬业精神，是锐意进取、自强不息的创新精神，是艰苦奋斗、勤俭节约的创业精神。这些精神是社会主义核心价值观的生动体现，体现了中华优秀传统文化、革命文化与社会主义先进文化的有机结合，顺应了社会发展进步的时代潮流。

二（1）中队的学生在信中明确提出，现如今学习雷锋精神，就要学习弘扬雷锋热爱党、热爱祖国、热爱社会主义的崇高理想和坚定信念，学习弘扬雷锋服务人民、助人为乐的奉献精神。雷锋以服务人民为最大幸福，以帮助他人为最大快乐，这是雷锋精神的典型标识，也是我们今天仍然要弘扬的崇高品德。

在这封信中，二（1）中队的学生对雷锋精神给出了自己的诠释，他们认为雷锋精神是全心全意为人民服务，是敢于钻研探索，是不计较个人利益的精神。雷锋的优秀是多方面的，正义、勇敢、奉献、节约都是雷锋所具备的优秀品质。雷锋同志虽然已经离开了我们，但雷锋精神永远熠熠生辉，这一精神契合中国共产党革命奋斗品质，根植于中华优秀传统文化的沃壤。我们要学习雷锋精神，不是只做一件或两件好事，而是要了解其内涵，领会其精神实质后，真正体现在行为行动中。

> 驿路梨花处处开，雷锋精神代代传，祖国为你们骄傲，历史为你们铸碑，时代为你们塑像，中华民族将因你们为不朽的篇章！
>
> 如果祖国需要，我愿和你们一样，如果祖国需要，我们青年学生都会义无反顾地献出自己的一切！
>
> ——2019 年 2 月沈阳市第二十中学付同学写给"雷锋班"的信

2019 年 2 月，来自沈阳市第二十中学的付同学作为学生代表参观了"雷锋旅"军营，参观过后付同学怀着无比激动的心情写下了这封书信，在这短短的书信中可以体会到付同学对雷锋同志和"雷锋班"战士深深的敬仰与敬意，以及对传承雷锋精神的决心与行动。

雷锋，一个普通的士兵，他以无私奉献和乐于助人的精神与事迹成为全国人民心中的楷模，为社会树立了道德的标杆，为人们树立了学习的榜样，激励着一代又一代人，而雷锋精神更是成为中华民族精神的重要组成部分。付同学在信中用"我们最可爱的人们"表达了对"雷锋班"战士崇高的敬意，并提及战争年代是他们坚守正义，用血肉之躯浴血奋战换来了今日之盛世和平，和平年代的他们更是同祖国建设和社会进步共同成长。

在新时代，雷锋精神不仅仅体现在助人为乐、无私奉献等传统美德上，更体现在面对困难和危险时的勇敢担当和积极作为上。付同学在书信中写道："你们不畏危险、不怕困难，哪里危险哪里上，哪里困难咱哪里帮。'雷锋精神'就是我们的榜样。"他们不畏惧任何挑战，勇往直前，这不仅是对"雷锋班"战士英勇无畏、乐于助人精神的赞美，更是对新时代雷锋精神深刻内涵的生动诠释。在新时代背景下的中学生们需要树立正确的价值观和人生观，而雷锋精神正是指引他们学习的重要方向，通过对雷锋精神的学习来培养自己的责任感、使命感和奉献精神，成为新时代有理想、有道德、有文化、有纪律的新青年。

付同学在信中感慨道，从参加全军大比武到参与国家军队重点大项目建设，从国内重大灾害紧急救援到国外奔赴利比里亚维和，"雷锋班"战士深刻彰显了"哪里有危险，哪里就有你们的身影，哪里有困难，哪里就会得到你们的帮助"。现如今，雷锋精神走出国门，走向世界，在西方国家产生深远的影响，西方人更是给予雷锋精神最高表彰："雷锋精神与上帝共存"这一表述不仅体现了雷锋精神在西方世界的广泛认知和高度评价，也深刻揭示了雷锋精神的世界意义。

雷锋精神作为中华优秀传统文化创造性转化和创新性发展的结晶，具有深厚的文化底蕴和历史渊源，促进了不同文化之间的交流和融合，推动了人类命运共同体的建设。雷锋精神所塑造的道德典范，也为人类社会的道德建设提供了有益的借鉴和启示。在全球化日益深入的今天，雷锋精神作为一种强大的精神动力，为各国人民提供了宝贵的精神支持，激励着他们团

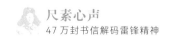

结互助、自强不息，共同应对挑战、创造美好未来。

雷锋精神，以无私奉献、乐于助人、勤俭节约、钉子精神等为核心，是一种跨越时代的正能量，激励着每一代人不断前行。付同学在信中写道"无私奉献的雷锋精神正在我们校园里闪烁着耀眼的光芒"，作为一次心灵的洗礼和行动的号角，同学们将雷锋精神与实践相结合并在日常生活中将雷锋精神转化为具体的实际行动，真正做到让雷锋精神在生活的每一个角落生根发芽。

书信不仅是对雷锋精神的缅怀和传承，更是对当代社会道德风尚的呼唤和弘扬，身处新时代的我们更应该用自己的行动去践行和传承雷锋精神，成为新时代的"小雷锋"，用自己的光和热照亮他人，温暖社会，为社会的进步和发展贡献自己的力量，共同构建一个更加和谐美好的世界。

在新的时代，雷锋精神依然具有重要的现实意义，它激励着年轻人在追求个人成长的同时，更要关注周围的人与事，心怀感恩与奉献。这种精神的传承，为社会注入了新的活力，激励着更多的人投身于建设更加美好的未来。

第四章
文化的传承

　　文化是一个民族的灵魂，书信则是文化传承的重要载体之一。书信在传递雷锋精神的同时，展现出多样的地域特色和情感表达。来自不同地区的信件，反映了各地人民的生活风貌与文化底蕴。这些书信不仅反映了雷锋精神对整个中国社会的积极影响，还让人们领略到书法的美感与语言的魅力，感受到地域文化的多样性。不同的书写风格与语言表达，展现了各地人民对雷锋精神的理解与认同，彰显了文化在精神传承中的重要作用。

　　书信中的每一段文字，都在诉说着人们对生活的热爱与对未来的期许。它们不仅记录了个人的情感，更是时代与文化的交汇点。在文化传承的过程中，雷锋精神以其独特的方式融入了人们的生活，成为全国人民共同的信仰与价值观。在这一章，我们便一起深入这些书信，发掘其中深邃的文化底蕴。通过对这47万封信件在书法艺术及地域文化方面的理解，我们将更全面地认识雷锋精神的内涵，感受其在当代社会中的影响力和生命力。

书信艺术的展现

　　党和国家的好战士——雷锋，以其无私奉献和乐于助人的精神，赢得了无数人的心。他的事迹通过人们的语言和行动得以广泛传播，同时也因为这 47 万余封来自全国乃至世界各地的书信，让这幅情感拼图更加完整、生动。这些信件是所有人向雷锋精神的致敬，也展现了优雅的书法、富有韵律的文字和人们深邃的情感。

　　每一封信都是一段故事，一种传承，书写着人与人之间最真挚的情感纽带。汉字的线条如同情感的脉搏，跳动着热忱与温暖；而真挚的语言则如清泉般滋润人们的心田，传递着无声的力量。

　　下面我们将从艺术的视角出发，探讨这些信件中蕴含的美学魅力与情感深度。让我们一同走进字里行间，捕捉时代的脉动，感受书信所展现的文化厚度与人性光辉。

　　在"雷锋班"收到的那些慰问信中，字迹有的稚嫩，有的苍劲，有的娟秀，有的略显潦草。如果仅从美学的角度来看，或许这些字称不上传统意义上的"书法艺术"。但书法，作为中国传统文化的重要组成部分，不只是一种书写技巧，还是一种情感的表达和艺术的升华。就像我们在信件的字里行间完全可以体会到致信人对雷锋的敬意，也能感受到一笔一画中的深邃内涵。这些信件的笔体风格各异，展现了写信人不同的个性与情感。每一次笔画的起伏、每一个汉字的结构，都在诉说着一个动人的故事。

1991年4月18日，小学三年级的李同学给"雷锋班"写了一封信。她的字迹虽然稚嫩，却蕴含着坚定和热情。她在信中说："现在有的人老浪费粮食，可雷锋他就连一粒米也要节约，然而我们生活在一个美好的家庭里，应该珍惜一分钱、一粒米。我以前也乱花过钱，但是现在我看了一些报纸呀，杂志呀，觉得乱花钱对我没有好处，也就改了买零食这个坏毛病。我决心从现在开始要好好学习，做九十年代的小雷锋。"端端正正的文字，每个笔画的起伏都是孩子心中对雷锋艰苦朴素、勤俭节约精神的向往。作为一名小学生，李同学还始终记得自己最迫切的任务是学习文化知识，所以在信件的最后，她还反省了自己在学习上的不足，并表示"我们不但要多做些好人好事，还要搞好自己的学习，我还以为自己的学习挺好，其实退步了，我一定要把学习搞上去"。

在另一封来自某站前派出所的同志的信中，致信人的字体则苍劲有力，笔画流畅、结构工整，每个字都散发出经过岁月磨砺的厚重感。致信人在信中表达了自己作为人民的勤务员，相比"雷锋班"的同志，自己的"思想、工作和作风和党对我的要求相差很远，我实感惭愧"。而在学习了雷锋的先进事迹之后，他终于"深深地体会到雷锋同志是在平凡的事业里干出来的英雄"，并表示："他的英雄事迹真是感人思想，动人心怀，永远是我学习的榜样。"

书法的艺术不仅在于字形的优雅，更在于其背后所蕴藏的情感。我们总是能在那些酣畅淋漓的文字中，感受到致信人用手中的笔将心中的敬意与思念倾注而出。字与情相伴，书法成了情感的载体，书写着对雷锋的深切怀念与崇高敬仰。来自大连"爱民模范张祥班"的武警同志们在 1994 年 4 月 1 日致信"雷锋班"。他们在信中说："我们深知，我们'张祥班'在学雷锋的道路上与贵班相比还有一定差距。所以，我们想通过结成学习对子，让我们找出差距，迎头赶上，让雷锋精神、张祥精神在大连开花结果。"这封信的文字笔势稳健，充满朝气，既宣示了武警战士们的期待与决心，也表达了人与人之间的温暖与联结。

　　来自某部队八连"梁士英班"的战士们用大气磅礴的书法作品表达了自己的决心——"向雷锋同志学习"。这幅书法作品流畅、有力，笔触间透露出书写者的深厚功底和满腔热情，每一个字都仿佛带着力量，引导观看者走进那个充满无私奉献和为人民服务精神的时代。这幅作品不仅展现了书写者的技巧，更通过文字传递了雷锋精神的核心价值。字体的大小变化和布局安排，使得整幅作品在视觉上更加生动，也更好地表达了"向雷锋同志学习"这一主题庄重与深远的意义。同时，这幅作品也是一份精神的传承。它激励着每一个观看者，无论是在学习、工作还是生活中，都要以雷锋同志为榜样，践行无私奉献、为人民服务的宗旨。这份精神遗产，将随着这幅书法作品的流传，而永远闪耀在人类文明的长河中。

向雷锋同志学习

　　更有趣的是，笔迹在这些信件中也展现了时代的烙印。不同地域、不同文化背景的书写风格交织在一起，形成了一幅丰富多彩的文化画卷。这些人中有生于土地、长于土地的农民，他们用淳朴、浑厚的笔迹表达对雷锋事迹的敬仰，字里行间流淌出亲切的乡土气息；有些人则是精神饱满的大学生，他们以充满时代气息的笔迹，表达出对雷锋精神的传承与创新。这种

多样性不仅让信件本身变得生动有趣，也让我们看到了一种跨越时空的情感共鸣。

像上面这样的例子在这47万余封信中不胜枚举，让我们看到了文字的美，也让我们感受到了全国人民在各个时代迸发出的蓬勃情感与生机。在每一封信中，书法的线条和墨迹共同谱写出了一曲动人的赞歌，映照出雷锋精神所带来的无限温暖与力量。

在许多信件中，致信人还用他们独特的表达方式，将对雷锋的敬仰、感动与期望娓娓道来。这些信件不仅是情感的寄托，更是一种文化的传承，彰显了语言的力量与美丽。

一位来自黑龙江省北安县健康小学的校外辅导员在信中写道："六二班中队经常以雷锋为榜样，三年来在党和学校老师的关怀下，他们成长得很快，各项活动都走在前头，像雷锋那样发扬助人为乐、舍己为公的共产主义风格。我看到他们在雷锋同志的鼓舞下迅速成长起来，我内心感到无比喜悦。我也更感到校外辅导员这个工作的艰巨和重要。我要永远听党和毛主席的话，沿着雷锋走的这条红色道路永远前进，永不退却。"这些话充分表达了一位教育工作者对雷锋精神的敬仰和对自己工作重要性的认知。字句之间，我们能感受到那种向上、向好的力量，让人倍感振奋。

你们好，近来你们工作一定很忙吧，我们班级的小×同学收到了你的故来信，全中队同学都高兴极了，我一走进他们的教室，他们就争着告诉我："王老师，雷锋叔叔来信了！"个个小圆脸上堆着欢笑。见到了极大的鼓舞，我看到你们的来信，内心很激动，你们充满激情的一字一句，就是雷锋同志说的话语，使我受到一次深刻的教育和教育。

我是他们六二中队的校外辅导员，（我是怎么当上北京新生医院王官群三？）一九六×年在雷锋同志伟大事迹感召下我才想成发起来的。于一九六×年三月份我被聘请书担任能廉从学六二中队的校外辅导员，七年来在党的培育下，比雷锋的无光辉的形像的熏陶下，经过不断学习我光荣庄着作使我的思想得到了一些改造，有了一点进步，但改造的不不彻底，同觉和人民的要求还有很大的距离，还需要该期的改造和锻炼。

　　一群来自北京外国语学校西班牙语系二年级的同学在给"雷锋班"的战士们的信中写下了这样一首诗：

　　　　在今后的日子里，

　　　　每当个人利益和集体利益发生冲突时，

　　　　我们就要想想雷锋——

　　　　想想他身患重病，义务劳动，

　　　　想想他省吃俭用，捐献为公。

　　　　每当我们想出出风头，耍耍才能，

　　　　我们就想想雷锋——

　　　　想想他谦虚精神的可敬，

　　　　想想他做了好事不肯露名。

　　　　我们要永远记住他，

永远学习他，

永远用他的精神，

鞭策自己的行动！

这首诗歌以质朴的语言，颂扬了雷锋的事迹与精神，展现了对雷锋无私奉献、谦逊低调品质的深刻理解和崇高敬意。诗歌开篇点明主题，即在个人利益与集体利益发生冲突时，应想到雷锋。这里，雷锋的事迹作为一面镜子，映照出他在面对个人利益与集体利益相冲突时的无私选择。雷锋常常牺牲个人休息时间，参加义务劳动，甚至在身患重病时也不忘为集体贡献力量，这种精神在诗歌中得到了生动的体现。

诗中提到雷锋"省吃俭用，捐献为公"，这是对雷锋生活态度的真实写照。雷锋虽然收入微薄，但他总是把节省下来的钱用于帮助他人或支援国家建设。诗歌还强调了雷锋的谦逊精神，指出他在做了好事后从不张扬。这种低调行善的态度，与现代社会中一些人追求名利、炫耀成就的行为形成了鲜明对比，更加凸显了雷锋精神的难能可贵。

诗歌通过"每当……我们就想想雷锋"的句式，构建了一种强烈的对比与呼应关系。一方面，它揭示了现代社会中个人与集体、名利与奉献之间的矛盾；另一方面，它又以雷锋为榜样，号召人们向善向上，体现了诗歌的引导和教育功能。除此之外，诗歌中多次使用排比和重复的手法，如"想想他……想想他……"，这种句式不仅增强了语言的节奏感和韵律美，还使得雷锋的形象更加鲜明、事迹更加感人。

这首诗歌不仅是对雷锋事迹的深情回顾和颂扬，更是对雷锋精神在当代社会的传承和发扬。它以其独特的文学魅力，激励着每一位读者在学习和生活中不断追求高尚品德和无私奉献的精神境界。

更值得一提的是，在这些信件中，致信人常常用温暖的问候和真挚的祝福来结束他们的文字。一位老兵在给第27任"雷锋班"班长牟志华的信中写道："这所有一切都是雷锋同志给我带来的幸福和美好的回忆，这让我终身难忘……祝你新春愉快，学习进步，工作顺利，身体健康。"这句朴实无华却充满情感的话语，既是对雷锋的尊重，也是对未来的承诺。在这样的语言中，能感受到一种跨越时空的连接，令人心潮澎湃。

在这些信件中，感动与敬意交织着，形成了一种强大的情感共鸣。致信人们用各自的方式，表达了对雷锋的感激与崇敬，而雷锋的精神也在这样的情感交织中得到了传承与升华。每一封信都是一种心灵的对话，连接着不同背景、不同经历的人们，让他们在共同的情感中找到了认同与归属。

正是这种情感的交织，让雷锋精神得以在不同的时代与人群中绽放出新的光彩。信件中的每一字每一句，都是一份情感的宣言，传递着爱、希望与团结的力量。在这幅情感的画卷中，雷锋不仅是一个符号，更成为每个人心中共同的信仰，激励着他们在生活的旅途中携手前行。

地域文化的融合

我们是藏族的学生，春节快到的时候，这封信按照藏
语的习惯，用雪白的哈达来表示，我们全班同学对你们的
慰问和扎西德利（吉祥如意）。在党的英明正确的指导下，
我们这些翻身农奴和奴隶的子女得到了学习的机会。使我
们感到在社会主义祖国的大家庭里，在党的阳光照光天

下，在毛泽东时代里成长而幸福。

——1965 年 1 月西藏江孜中学初一全体同学写给"雷锋班"的信

1965 年 1 月，西藏高原的冬日阳光下，一封满载着藏族初中生纯真与敬仰的信件，穿越了雪山与草原，缓缓抵达了"雷锋班"的手中。这封信更像是一条温暖的纽带，连接起两个不同地区、不同民族人民的心灵，共同诉说着对雷锋精神的无限崇敬与追求。

1949 年，中华人民共和国成立。中央人民政府根据西藏的历史和现实情况，决定采取和平解放的方针。1951 年 5 月 23 日，中央人民政府和西藏地方政府的代表就西藏和平解放的一系列问题达成协议，签订了《中央人民政府和西藏地方政府关于和平解放西藏办法的协议》，宣告西藏和平解放。西藏这片古老而神秘的土地，终于在党的光辉照耀下，迎来了翻天覆地的变化。农奴制度的废除，让无数藏族人民翻身得解放，孩子们得以走进校园，用知识改变命运。后来，雷锋，这位普通的解放军战士，以其短暂而光辉的一生，成为全国人民学习的榜样，他的精神如同春风一般，吹遍了祖国的大江南北，也深深影响了遥远的西藏。

信中，藏族学生以哈达这一圣洁之物作为信使，传递他们对"雷锋班"的深情厚谊与美好祝愿。哈达，不仅是藏族人民对尊贵客人的最高礼遇，更是他们纯洁心灵与虔诚信仰的象征。这正说明，在这样一片充满宗教色彩与民族风情的土地上，雷锋精神以它独有的魅力，跨越了文化的界限，与藏族人民的信仰相融合，共同构筑起一座精神的高地。

学生们满怀感激地提到，是党给了他们学习的机会，让他们得以在社会主义祖国的大家庭中茁壮成长。通过学习雷锋，学生的学习成绩得到了提高，更重要的是，他们的道德品质、政治觉悟以及团结互助的精神也有了显著提升。

信件的字里行间流露出藏族学生对雷锋叔叔的无限敬仰与对党的深切感激。学生们用自己的亲身经历，讲述着雷锋精神如何改变了他们的生活，让他们学会了如何做人、如何学习、如何团结。同时，他们也表达了对"雷锋班"叔叔们的殷切期望，希望他们能够继续听党的话，用毛泽东思想武装自己，为保卫祖国做出更大的贡献。这份真挚的情感，如同高原上的雪莲一般，清澈而纯净。

这封信，不仅是对雷锋精神的颂扬，更是对当时整个社会风气的一种反映。它告诉我们，无论身处何地、无论什么民族，雷锋精神都有着强大的生命力和感召力。它能够激发人们的内在潜能，提升人们的道德水平，促进社会的和谐与进步。在那个物质条件相对匮乏的年代里，雷锋精神如同一股清泉，滋润着人们的心田，让整个社会充满正能量。

（手写信件影印图）

我们按照那次你们写给我们的信，全体共青团员和民兵集合进行了宣读、座谈和讨论。大家非常兴奋，受到了很大的鼓舞和启发。我们首先以雷锋同志为榜样，开展了学习毛主席著作活动，组织了学习小组，近两年来一直坚持学习。我们思想认识提高，我们这里青年民兵参加社会活动和集体活动积极活跃了。

——1965 年 3 月延边朝鲜族自治州延吉市郊区兴安公社北大大队的团支部和民兵连写给"雷锋班"的信

　　这是一封延边朝鲜族自治州延吉市郊区兴安公社北大大队的团支部和民兵连在 1965 年 3 月写给"雷锋班"的回信。他们之前给"雷锋班"写的信得到了回应，他们非常高兴，又写下了这封信。

　　雷锋，这位普通的士兵，以他短暂而光辉的一生，铸就了不朽的精神丰碑，成为激励亿万人民前行的灯塔。而在遥远的延边，一群朝气蓬勃的青年民兵，也在用实际行动诠释雷锋精神的时代内涵。雷锋精神以其无私奉献、全心全意为人民服务的崇高理想，跨越了民族的界限，成为激励各族人民的精神符号。这封体现民族大团结的信，正表达了他们对这位年轻英雄事迹的深刻理解与感悟。

　　信中的文字，流露出浓厚的地域特色与民族风情。延边，这片白山黑水间，孕育了勤劳勇敢、善良淳朴的朝鲜族人民。他们和雷锋同志一样，都是在苦难中诞生，在阳光红旗下成长。朝鲜民族的文化中，忠诚与奉献是被广泛传颂的美德。而雷锋精神在这样的文化背景下，仿佛成了他们心中崇高理想的化身。

　　信中描述的场景生动地在我们眼前一一展开：从学习毛主席著作的热烈讨论，到生产劳动中的突击表现；从紧急关头挺身而出保护集体财产，到日常生活中默默无闻的善举……这些看似平凡却又伟大的事迹，都彰显出雷锋精神在青年民兵心中的生根发芽，还有他们对集体、对社会的深切关怀与责任担当。

　　信件还承载着致信人对自身使命的坚定信念。他们深知，作为民兵，肩负着守护家园与人民的重任。正如雷锋所言："人的生命是有限的，但为人民服务是无限的。"这样的信念一直激励着他们在实际生活中不畏困难，永远向前。

　　这封信超越了民族的界限，与雷锋精神形成共鸣，向整个社会传递了友谊与合作的美好愿景，也展示了民族间的相互理

解与支持。雷锋精神对民兵连的影响深远而持久。在他们的心中，雷锋这个名字，更是无怨无悔、勇于担当的精神的体现。

雷锋精神跨越民族、跨越时代，具有强大的生命力。雷锋精神不单单属于一个民族或国家，而是普适的价值观，象征着人类对真善美的共同追求。通过这样的传承，雷锋精神将继续在更广阔的天地中绽放，激励一代又一代人为人类的进步与世界的和平贡献自己的力量。在这片土地上，无论是来自何方的人，都能在雷锋精神的感召下，携手共进，创造更加美好的明天。

在新的时代，我们每个人更要像雷锋同志那样，始终保持一颗赤子之心、一颗奉献之心、一颗进取之心，用自己的实际行动去践行社会主义核心价值观，传递正能量，推动社会的进步与发展。传承雷锋精神不是口号或形式上的模仿与照搬，而是要将其内化于心、外化于行，要将其融入我们的日常生活和工作中去，要将其转化为我们奋斗的动力和精神支柱。只有这样，我们才能真正履行"向雷锋同志学习一辈子"的承诺。

作，及取得了较好的成绩。从去年当了班长以后，我带领全班继续学习雷锋精神，刻苦训练，努力工作，可一年下来，没有起到较好效果，新兵下班以前，我一直在查找原因，主要是工作经验不丰富，没有实质上去体现雷锋精神，今年，我又当了班长，我想在今年的工作中具有特色、取得好成绩，这需要你们班的帮助。

我是学雷锋标兵团里先进连队中的一位普通班长，四川人……我始终在雷锋精神的鼓舞下不断学习进步，努力工作，也取得了较好的成绩。从去年当了班长以后，我带领全班继续学习雷锋精神，刻苦训练，努力工作，可一年下来没有起到较好效果，新兵下班以前（后），我一直在查找原因，主要是工作经验不丰富，没有实质上去体现雷锋精神，今年，我又当上了班长，我想在今年的工作中具有特色、取得好成绩，这需要你们班的帮助。

——2003 年 3 月某部队胡战士写给"雷锋班"的信

2003 年 3 月，一位四川籍战士，以笔为媒，向心中的灯塔——"雷锋班"发起了诚挚的求助。

在四川这片山川秀美、人杰地灵的土地上，人们自古便以坚韧不拔、勇于奉献的精神著称。正如这位来自四川的战士在

信中流露出的对雷锋精神的无限敬仰，融入了四川人民特有的质朴与执着。他的话语间，既有对家乡的深情厚谊，也有对部队生活的热爱与忠诚，展现了四川儿女的精神风貌。

在信中，我们看到了一个普通战士对自我提升的渴望，对集体荣誉的珍视，还有对传承雷锋精神的坚定信念。雷锋精神，这颗在40多年前由一位普通士兵播下的种子，早已生根发芽，枝繁叶茂，成为中华民族宝贵的精神财富。在这40多年中，"向雷锋同志学习"的各种活动一直都在党和国家的倡导下开展得如火如荼，并未因为经济的高速发展而放松。而在这一时期，又掀起了新一轮学习雷锋精神的热潮，这封信，正是这股热潮中的一朵浪花。胡战士在信中深情地写道："在此，为你们能成为'雷锋班'的一员表示祝贺，同时也对你们'雷锋班'的全体同志表示敬意，因为在你们身上看到了雷锋同志的存在，真正体现了雷锋精神的价值。"

胡战士的信充满了对"雷锋班"的敬仰与向往。他在信中提及自己在学习中的艰辛，坦率地写道："作为普通班长，我始终在雷锋精神的鼓舞下不断学习进步，努力工作。"他渴望在雷锋精神的指引下，带领全班取得更好的成绩，为集体争光。同时，他也深感自己经验不足，需要"雷锋班"的指导与帮助。这种既自信又谦逊的态度，体现了他对工作的热爱与对自我提升的执着追求。他希望通过与"雷锋班"的联系，能够提升自己的能力，带动全班乃至整个连队的学习雷锋精神热潮。

从这封信中我们看到一位普通战士如何在雷锋精神的鼓舞

下不断成长、不断进步。这种生动具体的事迹，将激励更多人
投身到学习雷锋精神的实践中去，为传承和弘扬雷锋精神贡献
自己的力量。

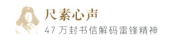
道德教育的力量

　　大家是否还记得在 2008 年北京奥运会开幕式上与身高 2.26 米的旗手姚明一起引领中国代表团，身高只有 1.18 米的汶川小英雄林浩？就是这个 9 岁的小学二年级学生，在灾难发生的一刻，奋力从废墟中救出两个同学。那时站在开幕式上的林浩，头上还留着疤痕，一手执五星红旗，一手执五环旗，神情坦然而快乐。这，就是我们新时代的祖国花朵的写照。他们热情、勇敢、真挚、无畏。他们对美好的精神充满向往，这也是为什么在这珍贵的 47 万余封来信中，学生的信件占据了绝大多数。他们用稚嫩、真诚的文字表达了自己对雷锋的钦佩与向往，展现了他们对生活、对他人、对社会责任的朴素理解。每一封信都是一扇窗，透过这些窗，我们可以看到学生们在家庭和学校教育中所受到的影响，以及他们如何在日常生活中践行雷锋精神。

　　学生们在信中谈到自己对雷锋先进事迹的理解，分享他们在生活中受到的启发和成长经历。从这些信件中我们能够清晰地看到，家庭的关爱和教育工作者的引导如何共同塑造了孩子们的价值观，让雷锋精神得以在他们心中生根发芽。

从学生所寄的信件中，我们发现家庭教育对他们价值观的塑造无处不在。学生们对雷锋的敬仰和对雷锋精神的践行，都说明家庭环境对他们产生了巨大的影响。

许多信件中，学生们都分享了自己如何在父母的影响下成为一名合格的社会主义接班人的故事。一位来自大都市的学生就在信中讲述了自己的父母如何通过以身作则来教育自己："每当周末，我的爸爸总会带我去社区的养老院，陪爷爷奶奶们聊天，帮他们打扫卫生。爸爸说，雷锋就是要把温暖传播给每一个人。"他的父亲通过带领他参与志愿活动，不仅让他亲身体验了帮助他人的快乐，也让他在潜移默化中理解了雷锋精神的重要内涵。

还有一些学生，他们的父母就是和雷锋一样的战士，这些人更是用自己的行动在潜移默化中影响着自己的孩子。来自大连铁中运输班的柴同学在信中写道："我的父亲也曾是一名军人，从小我就受到感染，长大后特别敬佩解放军，你们是人民群众的子弟兵，驻守南疆保卫边防前线。"来自东北育才学校的王同学则说："我父亲、舅舅都当过兵，我又住在一个部队的院子里，从小军人的气质便渗透在我心中，军人的精神永远激励着我前进！"

也有像抚顺市某小学王同学的妈妈这样的家长，对孩子的理想给予关心和鼓励。王同学在信中提道："解放军叔叔我告诉你们吧，我从小的志愿就是当一名解放军。每次在电视上看到你们矫健的身影，我非常羡慕和敬重你们。因此，我从小就喜

欢穿军服，戴军帽，拿着一把玩具枪，妈妈知道我这么崇拜解放军叔叔，鼓励我说：'解放军叔叔纪律严明，独立性很强，很勇敢。'我心里下定决心长大也要像你们一样勇敢。"

还有众多学生在信件中表达了对雷锋精神的渴望和追求，这与父母亲人对他们的教育密不可分。李同学在信中写道："从小，妈妈就告诉我，雷锋是最值得尊敬的人。我常常听妈妈讲雷锋的故事，知道他是如何帮助别人、无私奉献的。我希望自己能成为像他一样的人！"高中生小杰在信中提道："我每次做家务时，妈妈都会跟我说，要像雷锋那样帮助家人。虽然我不喜欢洗碗，但我知道，这也是一种奉献。"这些都说明了家庭教育在日常生活中的重要性，这两个学生的母亲通过与他们分享雷锋的精神，逐渐让他们意识到家庭成员之间相互关心和支持的重要性。

拥有好习惯的父母也能成为孩子的榜样。来自北京市雷锋小学的谭同学说："我在暑假期间，每天坚持学习，也随爸爸妈妈一起收看新闻。昨天我在家观看了习主席参加八一建军节的阅兵仪式，我感受到了祖国的强大、军人的风采，感到作为中国人是很骄傲的。平时我也会助人为乐，学习雷锋的奉献精神。比如：我去帮助环卫工人捡树叶，有时会去图书馆整理图书，有时也会在公交车上主动把座位让给老爷爷们、老奶奶们。我要争做雷锋式好少年。最后祝'雷锋班'叔叔们节日快乐！"

从这些学生寄给"雷锋班"战士的信件中，我们可以清晰地看到，家庭教育在学生价值观的形成中扮演了多么重要的角色。家庭不仅是孩子成长的摇篮，更是雷锋精神得以传承与体现的重要场所。在良好的家庭环境中，孩子们学会了关心他人、帮助他人，继承了雷锋精神的火炬，期待在未来的生活中将其传递下去。

除了家庭教育外，学校教育在塑造他们的价值观和对雷锋精神的认同方面同样发挥了重要作用。其实，在我国的中小学德育工作中，"向雷锋同志学习"始终占据重要地位。党和国家领导人都曾对开展学雷锋活动做出过一系列重要指示。近年来，习近平总书记亦多次强调，雷锋、郭明义、罗阳等人所展现出的坚定信念、博大爱心、无私奉献和锐意进取的精神风貌，正是中华民族精神的生动体现，他们被誉为"民族的脊梁"。

在致"郭明义爱心团队"的回信中，习近平总书记深刻指出："雷锋精神，人人可学；奉献爱心，处处可为。积小善为大善，善莫大焉。当有人需要帮助时，大家搭把手、出份力，社会将变得更加美好。"

然而，值得注意的是，这一曾经深深感动并激励数代人的雷锋精神，在当代学生群体中，有时仅被视为"做好事"的简单代名词，"雷锋"这一形象似乎与他们产生了一定的距离。这不禁引发思考：在当今社会，孩子们是否仍然需要雷锋精神？又应以何种方式学习和传承雷锋精神？

事实上，雷锋精神作为一面永不褪色的精神旗帜，其内涵与价值历久弥新。所以在新时代背景下，教育工作者们也都在更加积极地引导学生深入了解雷锋的真实事迹与崇高精神，树立学习雷锋的榜样意识。他们针对学生的特点，将教育重点放在学习雷锋热心服务群众、乐于助人的奉献精神，以及无论从事何种职业都能热爱、专注并精益求精的敬业精神上。

通过传递雷锋身上的正能量，学生们学会了从日常生活的小事做起，从细微之处着眼，将雷锋的优秀品质内化于心、外化于行，让雷锋精神在青少年中继续传递与发扬。

许多学生都在信中提到学校的活动、教师的引导以及校园文化如何让他们深刻理解和实践雷锋精神。例如，来自沈阳市某回民小学的马同学在信中写道："我们学校每年都不断地开展学雷锋的活动，老师经常给我们讲雷锋叔叔的事迹，在我们学校里又掀起向雷锋学习的新高潮，在今年寒假里，我们学校还号召收集雷锋叔叔的画片、故事、诗歌等等，我是一名班级干部和三好学生，所以在新的一年里，我更要处处以雷锋为榜样。"

另一位来自河南郑州某小学的张同学则提道："我们学校老师为了让雷锋精神发扬光大，带领我们学习雷锋叔叔的事迹，从那之后，同学们就开始做好事……虽然是小事，但是雷锋叔叔说过'高楼大厦是一砖一瓦堆砌起来的'。"张同学的案例说明教师通过课堂引导，让学生对雷锋精神有了更深入的理解。

学校通过传播和弘扬雷锋精神，对落后学生也起到了非常正面的教导作用。来自抚顺某学校六年级的韩同学就是因为被雷锋精神所感染，开始奋发图强："从前我是一个坏学生，上课不认真听讲，而且不爱学习，做题时还马马虎虎，但是自从我们老师给我们讲了'雷锋班'的故事后，我就觉得我做得不对，我就努力地改这个毛病，终于改正了这个毛病，而且从此我要发奋学习，将来要用我的学习成绩来回报我的祖国，因为我知道今天的美好的生活是成千上万的先烈用鲜血换来的。"

众多学生在信件中表达了对老师的感激，认为老师不仅是知识的传授者，更是价值观的引导者。某高中学生小杰在信中写道："我们的班主任常常鼓励我们参与志愿活动，她说，雷锋精神不是口号，而是行动。每次我们去敬老院，她总是带头参与，让我们看到奉献的力量。"还有一六一中队的全体同学在信中写道："自从我们刚踏进双小的大门，老师就给我们讲雷锋叔叔的故事，同学们都把雷锋叔叔当成自己学习的榜样，都想做一个小雷锋，经过大家的努力，我们中队被评为区'先进班集体'。"

大家还记得那位小学三年级的李同学吗？她还在信中提到是自己的老师给她讲述了雷锋勤俭节约的事迹："记得在我小时候，幼儿园的老师给我讲过雷锋补袜子这个故事……我们还要向雷锋叔叔学习，学习他的钉子精神，雷锋他是一颗永不生锈的螺丝钉，哪里有艰苦哪里就有他的足迹，雷锋的钉子精神永放光芒。"李同学的经历说明，一个优秀的教育工作者甚至可以让雷锋精神在幼儿园生根发芽。

除了课程和活动，学校营造的雷锋精神氛围也在信件中频繁出现。长春市雷锋小学的孙同学在信中写道："每年的3月

5 日都是缅怀雷锋叔叔的日子。在这个日子里，我们雷锋小学都会举办活动。我们雷锋小学的学生也都会认真严肃地参加这个活动。每次参加完，我们都会有所收获。虽然雷锋叔叔已经离开我们多年了，但是他的精神我们一直都在传承。每周的周六周日，我只要在家学完习或者补完课，通常会去敬老院看望老人们，给他们带些水果，为他们表演些节目，让他们感到我们的温暖，以后我们也会把雷锋精神发扬光大。"

长春市某小学的吕同学在信中分享道："你们是爱雷锋的人，而我，亦是雷锋小学的学子。我们都被雷锋的精神所照耀，所以我们，雷锋小学的学子，一直学习着助人为乐的美好品质。例如，我们每学期都有社会实践活动，定期开展图书馆的书籍整理工作，帮助困难老人的爱心活动，无不体现了雷锋的奉献精神。"这种校园活动不仅培养了学生们的公益意识，也让他们在实际行动中体验到助人的快乐。

通过学生们寄给"雷锋班"的信件，我们可以看出学校教育在学生的成长中扮演了重要角色。这些信件不仅反映了学生们对雷锋精神的认同与追随，也展现了教育如何在这一过程中发挥着积极的作用。学校作为学生成长的重要场所，培养他们关心他人、乐于奉献的品质，为雷锋精神的传承铺就了坚实的基础。

很多学生寄来的信件不仅传达了学生们对雷锋精神的理解和崇敬，也反映了他们在成长过程中所经历的情感变化，以及社会责任感的觉醒。这些情感交织在一起，构成了年青一代对雷锋精神的深刻认同。

在许多信件中，学生们的情感表现出对雷锋的崇拜和向往，同时也流露出对社会现象的关切。沈阳市某中学高二的贾同学在信中写道："通过老师与长辈们的讲述，我曾憧憬过'雷锋旅'的模样：那里，有对党的绝对忠诚，有对人民的执着坚守，更有对一身军装的赤诚。"还有抚顺市雷锋小学的徐同学在信中写道："每当我听到《感恩的心》这首歌时，都会不由自主地想起你们。遇到危险时，你们都义无反顾地冲在最前面，完全不顾自己的安危。是你们日夜的守护，才换来我们今天的幸福生活。我作为一名雷锋小学的学生，要处处向你们学习，严格要求自己，做一名合格的少先队员。"贾同学和徐同学的文字中都流露出强烈的情感，他们的崇敬和向往不仅源于雷锋的伟大事迹，也反映了他们对自身价值和社会责任的思考。

南京某小学三年级的王同学在信中描述了一些感人的场景："我很小的时候就知道了雷锋叔叔的故事。有人说，雷锋出差一千里，好事做了一火车，可见，雷锋叔叔多么乐于助人。平时我就乐于助人。比如上次一位同学脚扭了，我把他背到了教室里休息；我一有时间就看看课外书，给同学讲讲故事，让他们心情愉快；在路上，我看见穷人，就把零花钱给他们。以后我更要向雷锋叔叔学习，坚持乐于助人。"王同学的经历展示了他如何在雷锋精神的影响下，主动关心身边的人，体现了情感与行动的结合。

北京市某小学的全体学生在信中分享道："去年我校六一

班的同学还主动收集废品。为学校复读班的同学捐了一百多元钱，大家用这些钱为复读班的同学买了许多学习用品和健身用品。看到复读班的同学脸上露出了灿烂的微笑，六一班的师生都很高兴，从而更加深刻地理解了助人为乐的含义！"这样的活动让学生们在参与中不仅体验到帮助他人的快乐，更增强了他们的社会责任感和集体意识。

在信件的最后，许多学生不仅表达了对雷锋精神的赞美，还对社会现象提出了思考与呼唤。东北育才学校的陈同学在信中写道："我们这些高中生不久也将步入社会，面对社会中有些不良风气，我不禁再次想起雷锋精神，怀念雷锋精神，同时我也坚信邪不压正，真正闪光的一定是高尚的。"陈同学的呼唤代表了许多学生对社会问题的敏锐观察和思考，展现出年青一代对社会的责任感。

某雷锋小学的朱同学则在信中表达了自己对"雷锋班"战士的美好祝愿："都说流星可以有求必应，我愿意在夜空下等待，等待一颗被我感动的流星带上我的美好祝福，飞遍世界的每一个角落，把我的祝福给你们。希望你们能继续保卫着我们的家园。你们就是我们世界的希望。再一次感谢你们为我们的付出，我们永远爱你们。"

从这众多学生寄给雷锋的信件中，我们感受到了他们对雷锋精神的深刻认同，也能看到这种认同在实际生活中的体现。作为雷锋精神的传承者，学生们在日常生活中积极践行无私奉献的精神，影响着周围的人。信件中的情感与思考，不仅是对雷锋精神的传承，更是对社会未来美好愿景的期盼。通过一代代人的努力，雷锋精神将在不同时代不断焕发出新的光彩，继续激励着人们追求更美好的生活。

第五章
世界的影响

　　在这个全球化的时代，雷锋精神已经超越了民族与国界，成为人类共同的道德追求。来自不同国家的信件记录了各国人民对雷锋精神的理解与赞赏，展现了跨国友谊的美好与力量。这些来自世界各地的声音，仿佛在告诉我们，无论文化背景如何，真诚的关爱与奉献都是人类共同的情感。在书信中，我们能看到不同国籍、不同肤色的人们，因雷锋精神而团结在一起，形成了强大的情感纽带。这种跨越国界的友谊，正是对雷锋精神的最佳诠释。

　　通过这些信件，我们不仅可以领略到各国人民的生活方式与价值观，更能感受到雷锋精神在全球范围内的深远影响。这些故事让我们明白，雷锋精神不仅属于某一个国家或民族，更是属于全人类的共同财富。它激励着我们去关心他人、传播爱心，让这个世界变得更加温暖。让我们共同欣赏这些跨国友谊的故事，感受雷锋精神如何在国际舞台上发光发热。通过这些信件，我们将思考如何将这种精神融入我们的生活中，成为推动社会进步的积极力量。

跨越国界的声音

> 我们这里有的是物质，但内心很空虚，因为我们失去了雷锋时代的共产主义精神和做人应有的品德。
>
> ——2011 年 11 月英国的李艺·布鲁诺女士写给"雷锋班"的信

2011 年 11 月，一封信从英国辗转寄到了"雷锋班"。79 岁的李艺·布鲁诺女士在信中写道，她在伦敦图书馆读了一本关于 160 位中国名人故事的书，让她产生了给雷锋部队写信的想法，希望能进一步了解雷锋精神。160 位中国名人，唯有雷锋让这位异国女士萌生出想进一步了解的念头，这足以证明雷锋的独特人格魅力，足以证明雷锋精神所绽放的璀璨光芒。雷锋作为一名 22 岁的中国人民解放军战士、共产主义战士，他的一生虽然短暂，却照亮了无数人的心灵，铸就了一座为人民服务的永不褪色的思想道德丰碑。雷锋精神，作为中国共产党人、中华民族精神谱系的重要组成部分，其贴近人民群众、贴近实际，成为社会的呼唤、时代的强音、党和国家的宝贵精神财富。

雷锋，作为一名从旧社会走向社会主义新时代的军人，他是中国社会主义建设的楷模，他的高尚品德和价值追求激励了一代又一代人。雷锋精神所蕴含的对人民的深情厚谊、对工作的认真负责、对同志的春天般温暖以及对生活的艰苦朴素，都是我们今天需要大力弘扬的宝贵品质。雷锋同志曾经说："我要把有限的生命，投入到无限的为人民服务之中去。"这就是雷锋精神的实质，这种伟大精神过去、现在和将来都是激励人们不断前进的宝贵精神财富。在雷锋精神的指引下，无数中国人前赴后继，为祖国的繁荣富强和人民的幸福安康贡献了自己的力量。

李艺·布鲁诺女士在信中写道："我们这里有的是物质，但内心很空虚，因为我们失去了雷锋时代的共产主义精神和做人应有的品德。"物质富足并不代表精神富有，李艺·布鲁诺女士所处的英国，经济水平发达、福利条件优渥，人均收入及福利水平均位于世界前列，然而，这种物质上的丰富并未能填补人们精神上的空虚。

究其原因，是因为随着经济的快速发展和物质条件的显著改善，英国的社会环境处于快速变化之中，人们的生活节奏越来越快，竞争压力也越来越大。传统的价值观、信仰和道德观念难以适应快速变化的社会环境，这就使人们忙于追求物质上的满足和成功，而忽视了精神层面的需求和成长。在现代社会中，物质需求被置于首位，并成为衡量个人成功和幸福的主要标准，而这种单一化的追求方式往往会使人们忽视精神层面的需求，使得人们的内心世界变得脆弱，充斥着空虚和迷茫。此外，欧洲多元文化的相互碰撞，虽然丰富了社会的文化景观，但也导致价值观与宗教观念的复杂化，人们缺乏统一的价值导向和精神寄托，在精神追求上感到困惑，难以找到内心的平衡点。因此，人们在追求物质生活水平提高的同时，也需要注重追求德行和人格的高尚，健康向上的精神生活，以及自身的全面发展。

中国式现代化是物质文明和精神文明共同富裕的现代化，雷锋精神作为社会主义精神文明建设的重要一环，在现代化进程中发挥着不可替代的作用。雷锋精神是全心全意为人民服务的精神，是舍己为人的无私奉献精神，是立足本职、在平凡的工作中创造出不平凡业绩的"螺丝钉精神"，是苦干实干、不计报酬、争做贡献的艰苦奋斗精神，归根结底都是共产主义精神。雷锋精神体现了中华民族的传统美德，顺应了社会进步的时代潮流，彰显了我们党的先进本色。在中国式现代化进程中，随着经济的快速发展和物质生活水平的提高，人们的精神文化需求也日益增长，雷锋精神作为一种高尚的道德情操和精神追求，能够激发人们的向善力量，促进人与人之间的和谐相处。同时，雷锋精神强调个人在社会发展中的责任担当，在现代化建设中，每个人都应该像雷锋那样，立足本职岗位、勤勉工作，为社会发展做出自己的贡献。雷锋精神不仅有助于个人的成长和进步，也有助于社会的和谐稳定和持续发展。中国式现代化需要雷锋精神这样的精神力量来支撑和引领，因此，我

们应该大力弘扬雷锋精神，让雷锋精神成为推动社会进步的重要力量，进而繁荣社会主义文化，提高国家文化软实力，为实现中华民族伟大复兴的中国梦贡献智慧和力量。

当收到雷锋日记、雷锋事迹报告光盘等资料后，李艺·布鲁诺女士表示，希望与雷锋生前所在部队官兵建立联系，共同把雷锋精神向世界传播。雷锋精神具有超越时空的强大生命力，经过李艺·布鲁诺女士等国际友人的共同努力，雷锋精神正积极地向海外传播，从而让更多人了解优秀共产党员的光辉事迹，深刻领悟共产主义精神，进而丰富人们的精神世界，推动社会的正向发展。通过与雷锋生前所在部队官兵建立联系，人们可以更加深入地了解雷锋的成长历程、精神内涵以及部队官兵在新时代是如何传承和发扬雷锋精神的。这种交流有助于推动雷锋精神的国际化传播，从而让更多人理解雷锋精神，把中华民族优秀文化撒播到世界各地。

如今，我国已经全面建成小康社会，实现了第一个百年奋斗目标，开启了全面建成社会主义现代化国家新征程，正为实现第二个百年奋斗目标而不懈奋斗。这些成就的实现离不开正确价值观的指引，雷锋精神作为中华民族的宝贵精神财富、社会主义核心价值观的生动体现，映照了中华民族精神，中华民族精神是全人类的精神财富，雷锋精神自然合乎逻辑地成为全人类共同的精神财富，对中国乃至世界产生重大而深远的影响。

在世界百年未有之大变局背景下，资本主义国家社会矛盾越发尖锐，西方制度弊端逐渐显现。中国作为负责任的大国，积极向世界贡献着中国智慧和中国方案，其中就包括新时代雷锋精神。雷锋精神作为中华民族传统美德的集中体现，其蕴含的价值观念和精神追求为人们提供了一种积极向上的力量，鼓励人们关注他人、关注社会，通过自我奉献实现个人价值，这对于解决当前社会问题、推动社会进步具有重要意义。雷锋精神所倡导的乐于奉献、助人为乐等价值观念，将成为推动社会进步发展的重要力量。雷锋精神体现了社会主义道德的基本要求，也符合人类共同的价值追求，不同国家和地区的人们，虽然文化背景和价值观存在差异，但都能从雷锋精神中汲取到正能量，促进自身素质的提高。

雷锋是时代楷模，雷锋精神也在不断发展、创新中丰富内涵，获得了穿越历史时空的力量，转化成了时代楷模的精神象征。无论是在社会主义革命和建设时期，还是在改革开放和社会主义现代化建设新时期，还是中国特色社会主义进入新时代，雷锋精神都具有永恒的价值。雷锋精神所蕴含的优秀品质，是构建和谐社会、推动社会进步的重要基石，是我们弘扬中国精神、传递中国价值、贡献中国智慧、彰显中国形象的重要文化符号，通过大力弘扬雷锋精神，可以涵养人们的道德操守，锤炼人们的意志品质，提升人们的能力素质，不仅有助于个人品德的提升，还能激发个人的社会责任感和使命感、彰显人们的担当作为，进而提升社会整体的道德水平。雷锋精神作为中华民族精神的写照，具有强大的凝聚力和感召力，通过弘扬雷锋精神，可以增强人们的民族自豪感和文化自信心，让我

们的国家走得更稳、更远。

雷锋用其平凡而伟大的一生回答了"人为什么活着，怎么活着才是幸福的"这个在人类文明历程中人们不断探索的命题。从这个意义上说，雷锋精神不仅属于中国，也属于整个人类精神文明世界。因此，我们应该矢志不渝弘扬雷锋精神，让更多的人了解认同雷锋精神，用自己的实际行动书写新时代雷锋故事。我们应该积极推动雷锋精神的国际化传播，增进不同国家之间的文化交流，为构建人类命运共同体提供精神文化支撑。新时代，我们需借鉴其他国家的优秀文明成果，不断丰富发展雷锋精神的时代内涵，我们要继续播撒雷锋精神的红色种子，让其在人类文明百花园中不断绽放光辉异彩。

遍及全球的传播

人类共同财富

美国记者的留言

1989 年 8 月，来自美国的四位记者来到抚顺市雷锋纪念馆进行参观、学习、采访。他们走到《雷锋日记》的展柜面前，认真地问道："雷锋为什么要把自己做过的好事记到日记本中？为什么还存有做好事的照片？这是经过编排的吗？"四位外国记者对此感到不解，抱着好奇的态度问向讲解员。经由讲解员的悉心讲解后得知，雷锋同志之所以将做过的好事记到日记本中，并不是为了宣传，而是为了能够时刻对自己进行鞭策。展柜中所展示的照片都是根据报刊、雷锋日记以及雷锋部队提供的雷锋事迹相关材料邀请到雷锋同志本人进行补拍的。尽管时间有些对不上，但是这些事确实是雷锋同志亲身做过的。在听过讲解之后，四位美国记者是从心底里尊敬雷锋同志的，其中一位记者还在留言簿上写道："雷锋精神是人类的财富。"

美国人雷夫·罗杰斯翻译《雷锋日记》

雷夫·罗杰斯来到中国，从一位出租车司机的口中得知了雷锋的事迹，从此便对雷锋的故事产生了兴趣。为了更好地了解雷锋、学习雷锋，雷夫多次来到抚顺市雷锋纪念馆参观，并萌生了翻译《雷锋日记》的想法。不久后，雷夫和他的中国太太就开始了翻译工作。如今，据不完全统计，有多个国家用外文翻译了《雷锋日记》，包括英文版、日文版等。雷夫用自己的实际行动践行着雷锋精神，将雷锋精神传播到海外。

外国青年到湖南省雷锋纪念馆进行参观学习

2023年，湖南省雷锋纪念馆迎来了一批特殊游客，他们是来自世界各地的外国青年。在参观时，每个人都分享了参观纪念馆的感受。在他们的眼中，学习雷锋精神不分国界，他们都将雷锋作为自己的榜样，激励着他们向雷锋学习。

抚顺市雷锋纪念馆馆长赴美国调研

2002年8月，时任抚顺市雷锋纪念馆馆长张淑芬到美国进行调研。在赴美国的路上，张淑芬和同事在飞机上就和周围的外国人进行交谈，问："认识雷锋吗？"令张淑芬感到欣慰的是，不少的美国人都"知道雷锋"。

2002年9月，中国媒体报道了张淑芬馆长的美国之行，随后，原中国驻美国大使田志芳给抚顺市雷锋纪念馆寄去了20世纪80年代西点军校的招生简章，招生简章内页还印有雷锋的头像，这充分证明了西点人对于雷锋并不陌生，可见雷锋精神在当时的传播力和影响力。

外资企业集体"学雷锋"

大连原田工业有限公司是日本独资的企业。该公司已经开展了数十年的"学雷锋"活动，目的是在"学雷锋"中，改变员工对于工作的态度，让员工保持热情，不断增强公司的凝聚力。为此，原田公司决定建立"雷锋卡"，奖励"雷锋卡"获得者一定的物质奖励和精神奖励，把"学雷锋"融入日常的工作之中。

持续闪耀光芒

在全球化浪潮汹涌澎湃、世界日益紧密相连的今天，诞生于特定时代的伟大精神——雷锋精神，犹如一座巍然矗立的灯塔，持续闪耀着耀眼的光芒，照亮着一代又一代人的心灵。雷锋，这位普通的共产主义战士，以其短暂却熠熠生辉的一生，铸就了一座不朽的精神丰碑。他的事迹和精神，早已超越了地区与时代的局限，不断塑造着人民群众的价值取向和道德品质，成为全人类共同的精神财富。在全球视野下观测 47 万余封书信，透视雷锋精神从个别到一般、从民族到世界、从历史到未来的发展演进路径，历史地证明雷锋精神永不过时，彰显了雷锋精神的世界意义。

守正创新的品格

坚持在"守正"中理解雷锋精神的世界意义。中华优秀传统文化是中华民族在漫长的历史长河中凝聚而成的智慧结晶，为雷锋精神的产生与发展提供了深厚文明底蕴、文化根基，奠定了深厚历史基础和群众基础。在传统社会，邻里间互相帮助，遇到困难大家齐心协力共渡难关，这些淳朴的社会风气无疑都是中华民族所倡导的团结友爱、守望相助的风貌。儒学中所倡导的"仁爱""修齐治平"等理念，也为雷锋精神提供了丰富的思想来源。在中华优秀传统文化演进的历史进程中，经过一代又一代人的传承和弘扬，历经岁月的磨砺而愈加熠熠生辉。这些优秀传统文化要素得到广泛传播，深入人心，在人们心中扎根，树立了对国家、对民族、对社会、对他人的无私奉献的意识，雷锋精神正是植根于中华优秀传统文化中，汲取了精髓，获得了精神养料和文化滋养。

从世界范围来看，每个国家和民族在历史的漫长演进中，都形成了自己独特的道德传统和优秀品质，一切人类优秀文明成果构成了姹紫嫣红的世界文明。在不同的文化体系中，虽然存在着各种各样的差异，但在追求道德和人性的美与善的道路上，却有着诸多共通之处。

就比如雷锋精神，它所蕴含的价值观和价值高度与世界上其他民族所倡导的传统价值具有高度的契合性。在世界的不同角落，善良、友爱、互助等理念是许多国家和民族所推崇和倡导的基本道德观念。雷锋精神倡导将"小我"融入"大我"，积"小善"为"大善"的大爱胸怀。雷锋在日记中写道："人的生命是有限的，可是，为人民服务是无限的，我要把有限的生命，投入到无限的为人民服务之中去。"这是他大爱、大德、大善、大美的价值表达。雷锋精神所蕴含的为人民服务、无私奉献、助人为乐等价值观念是人类社会普遍认同的道德准则。无论在哪个国家、哪个民族，这些价值都代表着人性中的善与美。

坚持在"创新"中理解雷锋精神的世界意义。雷锋精神作为中国宝贵的精神财富，展现出了与其他国家文化元素相融合的广阔契机。雷锋精神，蕴含着深厚的科学内涵和高尚的道德价值，具有跨越时间和国界的潜力，为与其他国家文化的相互交流、相互借鉴提供了坚实的基础，丰富了世界文明百花园。在一些西方国家，志愿者组织是社会的重要组成部分，拥有着丰富的组织经验和广泛的社会影响力。这些组织将雷锋精神自觉融入自己的服务理念中，为自身的发展注入新的活力。在西方国家，这些志愿者组织通常具有很强的专业性和自主性，他们充分运用奉献精神和服务精神，融入社区服务、环保行动、教育支持等各项志愿活动中，为社区的发展和居民的生活改善提供全方位的帮助。

雷锋精神在世界文化交流频繁的今天，正展现出强大的融合与创新能力，它通过与不同国家、不同民族间的文化元素相结合，推动着不同文化之间的交流与发展，为世界文明发展做出了巨大贡献。

转化现实力量

雷锋精神是中国的，也是世界的。习近平总书记强调："我们既要学习雷锋的精神，也要学习雷锋的做法，把崇高理想信念和道德品质追求转化为具体行动，体现在平凡的工作生活中，作出自己应有的贡献，把雷锋精神代代传承下去。"为新时代更好传承和弘扬雷锋精神、推动雷锋精神更好走向世界提供根本遵循。

雷锋精神作为观念形态的上层建筑，具有理论的实践性特质。它不是书斋里的学问，而是"活的行动理论"，是"人的实践活动"。47万余封来信，正是记录人民群众学雷锋、做雷锋，传承、发展、创新、转化雷锋精神的具体实践活动的载体。这些来信有着明显的时代印记，刻画了致信人如何把雷锋精神融入自己的生产、生活、生命、生态、思维、情感、交往之中，体现了致信人如何把雷锋精神转化为自己的具体实践活动，这些来信也从背后或侧面，折射了广大人民群众既需要物质的力量，更渴望雷锋精神的力量，展示了人民群众60年来的实践活动变迁。雷锋精神恰恰是在人民群众的实践活动中得以丰富、发展、传承和弘扬的，已经成为人民群众的政治自觉、道德自觉、价值自觉、行动自觉。显而易见，雷锋精神来源于实践，并在实践中不断丰富和发展，47万余封来信正是雷锋精神实践性特征的最生动诠释。

雷锋精神作为一种跨越时空的伟大精神力量，不断转化为具象的时代楷模，持续绽放着璀璨光芒。回顾这60多年里，从乡村到城市，从科研一线到抗疫战场，处处都有"雷锋"们的身影。他们或许是扎根乡村，默默奉献，为改变家乡面貌不懈努力的基层干部；或许是几十年如一日，坚守教育岗位，用知识照亮孩子未来的乡村教师；又或许是在灾难来临时，不顾个人安危，逆行而上的消防员、医护人员……他们身份各异，岗位平凡，却都用实际行动践行着雷锋精神。无数的"雷锋"们，汇聚成推动中华民族伟大复兴的磅礴力量。

在全球化的视野下，世界各国之间的联系日益紧密，文化交流越发频繁。在这样的大背景下，雷锋精神，这一源自中国的宝贵精神财富，充盈在世界的各个角落，催生出众多如雨后春笋般蓬勃发展的雷锋志愿组织。它们分布广泛，数量庞大，无论是从繁华都市的中心到偏远乡村的角落，还是从北半球的严寒之地到南半球的炽热区域，都能看到它们活跃的身影。正是世界上这些普通、生动、鲜活的"雷锋"们所彰显的人间大爱、互助合作、团结友善的精神和理念，推动对"世界怎么了""人类向何处去"等世界之问的逐步破解，彰显了雷锋精神的时代魅力和永恒魅力，为推动全球的和平与发展贡献着中国智慧和中国力量，让世界更加深刻地认识到雷锋精神不仅属于中国，更属于全人类。

标注人类文明

当"雷锋"成为一种文化符号、一种精神标识、一种价值观念、一种良好风尚时，就不仅仅是一个人，而是一种精神载体。雷锋精神不是雷锋个人的精神，而是全人类的共同精神。雷锋精神汇聚起全人类共建美好生活的最大公约数，启示我们团结一心，为共同推动构建人类命运共同体提供强大动力。

在当前各种思潮相互交织的情况下，人类正站在历史的交叉路口，面临着前所未有的挑战与机遇。气候变化的阴霾正无情地笼罩全球，冰川加速融化、海平面持续上升，威胁着众多沿海地区居民的家园；极端气候事件越发频繁，暴雨、干旱、飓风肆虐，给生态系统和人类生存带来了难以估量的威胁。与此同时，局部冲突的战火仍在某些地区熊熊燃烧，无辜民众流离失所，社会秩序陷入混乱，动荡不安的局势不仅给当地人民带来了无尽的苦难，还令全球的和平稳定与经济发展产生了连锁反应。而公共卫生危机，如一场没有硝烟的战争，迅速在全球范围内蔓延，从最初的猝不及防到持续的艰难应对，给各国的医疗体系带来了巨大压力，冲击着人们的日常生活、经济活动以及社会秩序。在这些全球性难题面前，无论国家大小、强弱，没有一个能够置身事外、独善其身。

在构建人类命运共同体的伟大征程中，雷锋精神为我们提供了强大的精神指引。雷锋精神所蕴含的家国情怀、人民情怀，汇聚起人类共建美好生活的最大公约数。它让不同肤色、不同信仰、不同文化背景的人们找到了共同的价值追求。它启示世界各族人民"向上向美"，倡导"美美与共"，让大家明白各个国家和民族之间应该相互尊重、相互学习，实现共同繁荣。雷锋精神已然成为连接各国人民的精神纽带，推动着人类命运共同体的构建不断向前迈进，为创造一个更加美好、和谐、繁荣的世界贡献着无尽的力量。

第六章
永恒的精神

习近平总书记指出："无论时代如何变迁，雷锋精神永不过时。"从60多年前毛泽东题词"向雷锋同志学习"到今天习近平总书记号召"把雷锋精神代代传承下去"，这项全国乃至全世界性的群众性学习雷锋实践活动如火如荼地开展了60多年。60多年的学雷锋活动，生动展现了新中国思想道德大厦建设的成功实践，创造了新中国乃至人类文明道德史上的光辉奇迹。雷锋已经从一个共产主义战士的名字，发展成为全世界人民的道德楷模；雷锋精神已经从中国共产党人精神谱系的重要内容，发展成为展现中华文明的精神标识和全人类的共同价值，标注了时代的精神坐标。众所周知，雷锋已经牺牲60多年了，为什么雷锋精神会如一道洪流而生生不息？

为什么在今天仍然有如此般巨大历史伟力？47万封书信，这些承载人类道德文明的"鸿雁"，带着我们探究事物现象背后的逻辑。

人民群众的伟大创造

　　在马克思的视野中，人民群众在想象、思维、精神层面的活动，是其物质活动的直接产物。物质生产是这样，精神生产也是这样。马克思和恩格斯曾说，"人们是自己的观念、思想等等的生产者"①。他们还指出："共产党人的理论原理，决不是以这个或那个世界改革家所发明或发展的思想、原则为根据的。这些原理不过是现存的阶级斗争、我们眼前的历史运动的真实关系的一般表述。"②这就启示我们，"现存的阶级斗争""历史运动的真实关系"不是个别"改革家"的创造，而是经由人民群众承担、完成、实现的，阐明了人民群众是历史活动主体这一马克思主义哲学原理，进一步揭示了人民群众是精神财富创造者这一观点。那么，雷锋精神作为一种精神，它的创造（生产）同物质生产的生产、分配、交换、消费环节一样，也要经历生产、传承、转化、创新的环节，这些环节构成雷锋精神创造的

---

① 马克思恩格斯选集：第 1 卷［M］.北京：人民出版社，2012：152.
② 马克思恩格斯选集：第 1 卷［M］.北京：人民出版社，2012：413—
　　414.

完整链条。在整个链条中，生产、传承、转化、创新每一个环节相对独立、各自承担着相对不同的任务，都以各自特有方式实现着雷锋精神的创造。特别重要的是，承担着各个环节的主体是人民群众及其合实践性、合目的性、合规律性、合时代性的物质生产活动。

人民群众生产雷锋精神

在马克思主义视野中，"思想、观念、意识的生产最初是直接与人们的物质活动，与人们的物质交往，与现实生活的语言交织在一起的"①。"'精神'从一开始就很倒霉，受到物质的'纠缠'。"② 精神生产受到物质生产活动制约，特别是"最初""一开始"这两个副词，在时间上限定了精神生产不是起源于"头脑"，而是起源于人民群众的物质生产活动。实质上，"意识在任何时候都只能是被意识到了的存在，而人们的存在就是他们的现实生活过程"③。人民群众有了意识活动，并在此基础上产生了更高一层次的反作用于客观世界的精神活动。这一精神活动过程，就是人民群众对精神产品的设计、建构、加工、产出过程。物质生产是精神生产的前提条件，精神财富是人民群众物质生产活动的产物，这是马克思主义唯物史观的一个基本观点。

---

① 马克思恩格斯选集：第 1 卷 [M].北京：人民出版社，2012：151.
② 马克思恩格斯选集：第 1 卷 [M].北京：人民出版社，2012：161.
③ 马克思恩格斯选集：第 1 卷 [M].北京：人民出版社，2012：152.

精神生产不是源于人脑中的观念，而是源于人民群众的物质实践活动。人民群众自己创造自己的历史，但这一活动是在"十分确定的前提和条件下创造的"①。马克思在《〈政治经济学批判〉导言》中指出："在理论方法上，主体，即社会，也必须始终作为前提浮现在表象面前。"② 实质上，人民群众在进行精神生产活动之前，精神现实呈现样态早已在人民群众头脑中"浮现"。不过，精神具体呈现样态，作为"实在主体"，"仍然是在头脑之外保持着它的独立性"③。精神存在于人民群众的具体的、客观的物质实践活动。也就是说，精神生产来源于人们的物质生产活动，受物质生产所制约。雷锋精神不是"自然"独立存在的，而是要依附于"活劳动的人"及其所进行的物质生产活动。因此，雷锋精神不能作为一个自身存在的"躯壳"而存在，必须依托于、还必须伴随着人民群众的物质生产实践，两者共融于人们认识世界、改造世界的伟大实践活动。

纵观60多年学雷锋活动，从社会主义建设时期到改革开放和社会主义现代化建设时期再到中国特色社会主义新时代，从军人到学生再到全体人民，从部队到地方、从辽宁到全国再到全世界，涌现出一代又一代数以亿计的"活雷锋"们。这些"活雷锋"们在物质生产实践中，以雷锋为榜样、以雷锋精神为动力，把雷锋精神作为自己的道德规范和精神信仰，内化为自

① 马克思恩格斯文集：第10卷［M］.北京：人民出版社，2009：592.
② 马克思恩格斯选集：第2卷［M］.北京：人民出版社，2012：702.
③ 马克思恩格斯选集：第2卷［M］.北京：人民出版社，2012：701.

己干事创业的行动指南，融入自己的生产方式、生活方式、思维方式、情感方式中，把为党、为国家、为人民贡献力量作为价值选择，践行"把有限的生命投入到无限的为人民服务之中去"的奉献精神。人民群众正是在其物质生产实践中，不断激发自我道德建设热情，不断倡导文明社会新风，不断匡正文明道德失范，不断矫正社会诚信缺失，不断提升社会道德水平，不断使自己成为中华传统美德、社会主义道德规范、良好社会风尚中的"活雷锋"，不断地进行着雷锋精神生产。

如果端起历史的望远镜和现实的显微镜，就可以纵观人民群众生产雷锋精神的历史进程，就可以看见人民群众在其物质生产活动中学雷锋、做雷锋的真实原貌。无论是工人、农民、干部，还是学生、医生、军人……这些涌现于不同历史时期、不同民族地域、不同行业职业、不同性别年龄的一代又一代"活雷锋"们，共同当雷锋、做雷锋，共同接续生产着雷锋精神。

概言之，雷锋精神发源于雷锋本人，但又超越了雷锋本人，是人民群众在其实践活动中生产的，是人民群众为人民群众、为人民事业、为人类社会进步而生产的伟大崇高精神。

人民群众传承雷锋精神

精神是无形的，但精神传承的载体是有形的。无论是语言符号，还是艺术表演，精神传承都必须借助于传承者——人民群众这一历史主体。人民群众在精神传承的进程中，既推动着历史发展，也推动着民族史向世界史转变。马克思和恩格斯指出，"过去那种地方的和民族的自给自足和闭关自守状态，被各民族的各方面的互相往来和各个方面的互相依赖所代替了。物质的生产是如此，精神的生产也是如此"①。这就启示我们，雷锋精神作为一种精神，也如其他精神传承的内在机理和基本规律一样，在各民族各地区的互相交往过程中得以传承，从而由民族的精神形态转变为世界的精神形态。

一种精神的传承，不仅离不开传承者，而且还是传承者合目的性的活动。传承雷锋精神的人民群众，"不是处在某种虚幻的离群索居和固定不变状态中的人，而是处在现实的、可以通过经验观察到的、在一定条件下进行的发展过程中的人"②。人们正是基于自身或社会对雷锋精神的需要这一前提，能动地把雷锋精神融入其所从事的社会实践活动，使雷锋精神在历史长河、时代大潮、风云变幻中生生不息、源远流长。在这个意义上说，雷锋精神由人民群众所传承，体现了人民群众基于自己或社会需要而进行的合目的性的精神生产活动。

人民群众传承雷锋精神的样态丰富。从传承内容看，有的是学着雷锋的样子做好人好事，也有的是组织开展不同主题的学雷锋活动。从传承样式看，有专门研究雷锋精神的学术团体、学术机构、学术载体、学术成果，也有把雷锋精神融入自身的生活学习工作。从传承途径看，有以"雷锋"冠名的学校、公园、街路、社会组织，也有以雷锋精神为育人文化、企

---

① 马克思恩格斯选集：第 1 卷 [M].北京：人民出版社，2012：404.
② 马克思恩格斯选集：第 1 卷 [M].北京：人民出版社，2012：153.

业文化、产品文化、团队文化。从传承方式看，有全国各地的雷锋纪念馆，也有维和战场营地的雷锋展馆。无论雷锋精神以何种内容、何种方式、何种形式、何种途径进行传承，归根到底都离不开人民群众这个最伟大、最现实、最具体的传承者。

纵观60多年来，有以助人为乐、见义勇为、诚实守信、敬业奉献等为主题的道德模范，有各行各业的中国好人，有"当代雷锋""时代楷模""最美人物"，还有层出不穷的雷锋志愿者……这些雷锋精神的传承者，成为推动中华民族伟大复兴事业的磅礴力量，明证了人民群众传承雷锋精神的历史主动。雷锋精神也在适应着人们的生活条件、人们的社会关系、人们的社会存在、人们的社会交往、人们的精神活动，并在相应活动中得以传承，实现了从个体到群体、从辽宁到全国、从中国到世界的传承历程。历史和现实已经证明，雷锋精神正是因为由人民群众所传承，才能把蕴含其中的信念能量、大爱胸怀、忘我精神、进取锐气发挥出来，才能对社会主义建设、发展、改革发生有效作用，才能传承为21世纪人类道德文明的崭新形态。

人民群众决定雷锋精神传承方向。人民群众是社会生产、社会生活、社会思维、社会情感的实践主体，传承雷锋精神的过程同社会物质生产活动的过程是一致的，进而同社会基本矛盾推动社会发展进步也是一致的。显然，人民群众是顺应社会生产力发展新要求的先进力量，是变革旧的思想、观念、意识等生产关系的社会力量，因而每个人意志的"合力"代表了社会发展和先进文化发展的前进方向，合乎逻辑地决定雷锋精神的传承方向。

历史和现实已经反复证明，人民群众在全面脱贫攻坚、全面建成小康社会中传承雷锋精神，在回应坚持和发展中国特色社会主义、全面建设社会主义现代化国家、建设长期执政的马克思主义政党的重大时代课题中赓续雷锋精神，在契合中国共产党执政规律、社会主义建设规律、人类社会发展规律中把握雷锋精神，引领雷锋精神向着马克思为人类所指明的正确方向发展。

简言之，雷锋精神之所以能够从 20 世纪 60 年代茁壮发展到 21 世纪的今天，特别是更加光芒闪烁、熠熠生辉，根本在于人民群众自觉、自发、自为的传承。这在根本上体现了人民群众坚定的文化自信和历史主动，使雷锋精神不仅仅是 20 世纪 60 年代的雷锋精神，而且已经超越了个人、超越了种族、超越了国界、超越了时间，成为 21 世纪全人类的一种文化符号、一种精神标识、一种价值观念、一种良好风尚、一种道德文明形态。由此可见，雷锋精神是由人民群众传承的。

人民群众转化雷锋精神

在马克思主义视野中，全部社会生活在本质上是实践的。精神生产作为一个相对独立的社会实践领域，总要受到物质的"纠缠"。它既依托于物质生产，又伴随着物质生产，二者共融于人民群众改造社会的伟大实践。因此，雷锋精神不是书斋里的学问，也不是简单的道德口号，而是"活的行动理论"、是

"人的实践活动"。恩格斯指出，"资本和劳动的关系，是我们全部现代社会体系所围绕旋转的轴心"[①]。而全部社会关系的物质承担者只能是"现实的个人"。换句话说，雷锋精神并非标签于某一特殊领域的样态，而是存在于人民群众正在进行着的广阔历史活动中，并在这一历史活动中转化出其应有的精神力量。因此，雷锋精神的转化必须依托于物质实践活动，并由这一物质实践活动的承担者——"现实的个人"实现。

雷锋精神只有经历人民群众转化这一中介才能发挥物质力量。雷锋精神，作为一种先进的精神、一种崇高的信仰，一经为群众所掌握，同样也变成改造世界的物质力量。这就启示我们，把雷锋精神放在书斋、置之高阁不会产生物质力量，而必须依附于人民群众及其实践活动，才能对客观世界发生作用。正如毛泽东所指出，"代表先进阶级的正确思想，一旦被群众掌握，就会变成改造社会、改造世界的物质力量"[②]。

在一定意义上说，雷锋精神创造的"转化"这一环节，就像物质生产的消费环节一样，必须经由人民群众的现实转化这一中介环节，才能发生物质力量的作用。如果离开现实社会的人的实践，无论多么伟大崇高的精神，都永远只能停留在头脑中的观念、意志、意识层面，永远不会实现向物质的转化。显然，雷锋精神实现"精神"向"物质"的转化是有条件的，这个条件就是人及其具体实践活动。

① 马克思恩格斯文集：第3卷［M］.北京：人民出版社，2009：79.
② 毛泽东文集：第8卷［M］.北京：人民出版社，1999：320.

进一步说，雷锋精神之所以成为一种精神，不在于它是思维的物化活动，而在于它是活动着的人的对象活动。由此，雷锋精神只有与物质及物质承载者发生"纠缠"，雷锋精神的核心要义、理念价值、功能指向、现实功能才能得以真正转化，才能成为改造客观世界的雄浑力量。

60多年雷锋精神转化历程，再现了人民群众转化雷锋精神的历史活动。在社会主义建设时期，人民群众把雷锋身上所具有的阶级立场、革命精神、共产主义风格、无产阶级斗志，转化为荡涤封建落后腐朽文化残余、建设和发展社会主义的强大精神力量。在改革开放和社会主义现代化建设时期，人民群众把"全心全意为人民服务""做人民公仆"等精神，转化为立足岗位、忠于职守、勤勉敬业的精神，自觉地把个人的前途命运融入国家和民族的发展建设中，为社会主义现代化建设提供精神支撑。在中国特色社会主义新时代，人民群众在世界百年未有之大变局中把新时代雷锋精神转化为坚定的中国特色社会主义理想信念，在市场经济条件下把雷锋精神转化为老实做人、踏实做事的道德力量，在新时代新征程上转化为敢于斗争、善于斗争、踔厉奋发、勇毅前行的进取力量，为实现"两个一百年"奋斗目标提供了强大精神力量。由此可见，雷锋精神正是借助于人民群众实现了从"精神"到"物质"的"转化"，也确证了中国共产党依靠人民群众创造历史伟业的历史经验。

总的来说，在当今时代"两种制度""两种意识形态""两种价值观"的较量中，以资本为中心、物质膨胀、两极分化、侵略扩张为特征的西方现代化模式弊端日益凸显，以及个人主义、拜金主义、利己主义等为特征的价值观已经形成现代性悖论。雷锋精神内含的"把有限的生命投入到无限的为人民服务之中去"，深刻地影响着人民群众的"活劳动"在解决现代性悖论中走向历史的前台，昭示出人类未来的正确发展道路。显而易见，雷锋精神这种强大的道德文明力量和价值观是由人民群众转化出来的，并且已经由人民群众转化成一种具有普遍意义的道德规范。

人民群众创新雷锋精神

理论的生命力在于不断进行创新。同样，雷锋精神，作为一种精神、一种信仰，它不是僵死的教条，具有与时俱进的开放的理论品质，总是随着实践的需要而不断向前发展，展现了强大的生命力。"理论在一个国家实现的程度，总是取决于理论满足这个国家的需要的程度。"[1] 其实，一种精神、信仰在一个时代的实现程度，也总是取决于这种精神、信仰满足这个时代需要的程度。换句话说，一种精神、信仰的创新发展，正是回应这个国家合乎时代性与目的性统一。每个时代的思想、理论、精神、思维，都是一种特定历史时期的产物。它们在不同的时代具有完全不同的表现形式和呈现样态，也具有完全不同的内涵和外延。也就是说，任何一种精神，不是原封不动、万古不

---

① 马克思恩格斯选集：第 1 卷 [M].北京：人民出版社，2012：11.

变的，而是具体联系、创新发展的。雷锋精神正是人民群众在积极回应时代之问中，坚持与时俱进、守正创新，对中华优秀传统文化、红色革命文化、社会主义先进文化的创造性转化、创新性发展成果。

雷锋精神因人民群众的思维活动而创新。雷锋精神的创新，绝不是同社会发展成比例的，也绝不是同物质基础的一般发展成比例的，而是这种创新后的雷锋精神先前已经存在于人民群众的自觉的思维中。人民群众只有具备这种"幻想"（创新思维），才能完成雷锋精神的先前设计，再付诸物质生产实践，使雷锋精神具有新的含义，从而得以创新发展。任何一种社会的发展进步，并不排斥实践主体"对自然的神话态度"和"把自然神话的态度"，因而要具备一种"与神话无关的幻想"。这种"幻想"伴随生产力发展而发展，只是改变了它的形式和内容。这就启示我们，雷锋精神不仅需要人民群众的物质生产活动才得以创新，而且这一创新活动也离不开人民群众头脑中的"幻想"——先前的思维。一定意义上说，人民群众头脑中的自觉思维对雷锋精神创造发挥了重大作用。

雷锋精神因人民群众的目的需要而创新。马克思恩格斯指出："一切划时代的体系的真正的内容都是由于产生这些体系的那个时期的需要而形成起来的。"①人民群众是雷锋精神的"剧中人"，也是"剧作者"。习近平总书记指出："历史是人民创造

① 马克思恩格斯全集：第 3 卷［M］.北京：人民出版社，1960：544.

的，文明也是人民创造的。"[①] 同样，雷锋精神作为人类的一种道德文明形态，必然是人民群众创造的。雷锋精神的创新，正是人民群众把这种历史之需、时代之需、人民之需，首先在观念上提出，再把它作为现实的需要、作为生产的动力、作为实践的目的，最后依附于物质生产活动表现出来。60多年来人民群众创新雷锋精神的历史活动，有着鲜明的时代印记，镌刻着不同时代人民群众对雷锋精神的渴望和呼唤。雷锋精神从社会主义建设时期的孕育与形成，到改革开放和社会主义现代化建设时期的成熟与发展，再到中国特色社会主义新时代的守正与创新，不断被赋予新的时代内涵、彰显新的时代特征。雷锋精神已经从最初表达的"先进道德模范"，发展到蕴含全人类共同价值的"人类道德形态"，成为新时代的世界文明通用语言。

雷锋精神因人民群众的创新而永恒。雷锋精神作为亿万人民群众的道德指向，已经成为人们心中伟大的道德力量，闪耀着中国共产党人精神谱系的亮丽光辉。它之所以历经半个多世纪的风雨冲刷，穿越峥嵘岁月的浩荡洪流，并没有因时代变迁而褪色、凋谢，反而更加绚丽多彩、永放光芒，根本在于内涵博大精深，随着人民群众的伟大实践不断丰富和发展。历史和现实反复证明，人民群众在怎样的程度上变革学雷锋活动方式、创新学雷锋活动样态，雷锋精神就在怎样的程度上实现创新，印证了人民群众创新发展雷锋精神的历史主动和历史伟

---

① 习近平.论党的宣传思想工作［M］.北京：中央文献出版社，2020：88.

力。雷锋精神并不是一尊不动的石像，而是生命洋溢的洪流，离开它的源头越远，它就膨胀得越大。无论岁月如何变化，经济社会如何发展，雷锋精神都会成为一种永恒的精神力量。由此可见，雷锋精神不仅是由人民群众创新的，而且因人民群众的创新才能得以永恒发展。

总的来说，雷锋精神正是基于这种理论需要、实践需要、时代需要、人民需要，依附于广大人民群众在现实转化中守正创新，展现了雷锋精神无与伦比的历史穿透力、真理引领力、信仰凝聚力、政治动员力、文化感染力、社会影响力、时代感召力，从而揭示了雷锋精神由人民群众所创新发展的本质和规律。

丰富人民精神世界

　　精神是一个民族赖以长久生存的灵魂，唯有精神上达到一定高度，这个民族才能在历史洪流、风云变幻、时代大潮中屹立不倒、奋勇前行。党的二十大报告明确指出："中国式现代化是物质文明和精神文明相协调的现代化。物质富足、精神富有是社会主义现代化的根本要求。"① 这对中国式现代化的本质特征做出了深刻阐释，特别强调中国式现代化要求物质文明和精神文明相协调发展。党的二十大报告又进一步指出，"丰富人民精神世界"是中国式现代化的本质要求之一。② 这两段重要论述充分体现了中国共产党对中国式现代化的深刻认识，彰显了对丰富人民精神世界的高度政治自觉、理论自觉、实践自觉、价值自觉。那么，何种精神能丰富人民精神世界，值得我们深入思考。毋庸置疑的是，以伟大建党精神为源头构筑起的中国共产

---

① 习近平.高举中国特色社会主义伟大旗帜 为全面建设社会主义现代化国家而团结奋斗 [M].北京：人民出版社，2022：22.
② 习近平.高举中国特色社会主义伟大旗帜 为全面建设社会主义现代化国家而团结奋斗 [M].北京：人民出版社，2022：23.

党人精神谱系，自然是回答这一时代之问的首要答案。作为中国共产党人精神谱系重要组成部分的雷锋精神，既有中国共产党人精神谱系的一般性质，也有自己的特质。虽然雷锋精神生成于 20 世纪 60 年代，至今已经走过了 60 多个年头，但雷锋精神在 21 世纪的今天仍然历久弥新、生生不息。它因文化性、普遍性、实践性、时代性的精神特质，成为丰富人民精神世界的重要内容，对丰富人民精神世界具有重大理论和实践意义。

文化引领功能

文化是一个国家、一个民族的灵魂，更是人民的精神家园，具有最深沉、最持久的力量。一个国家和民族的人民，只有对国家和民族的文化高度认同，才能形成国家和民族的向心力和凝聚力，才能筑牢国家和民族发展和进步的精神根基。一定意义上说，精神的力量就是文化的力量。从大历史看，中华民族之所以能历经磨难而经久不衰、坚韧向前，其中一个至关重要的原因就是博大精深、特色鲜明的中华文化。中国特色社会主义文化，代表着当代中国发展前进的先进方向，彰显着当代中国人民的精神面貌。它的基本内容凝结着中华优秀传统文化基因，体现着激昂向上的革命文化，饱含着生机勃勃的社会主义先进文化。因此，中国特色社会主义文化是涵养人民精神世界的重要资源，是塑造中国人民独特精神、气质、品格、气度、修养的肥沃土壤，是维系整个民族、整个国家人民的精神支柱，因而是丰富人民精神世界的"根"和"魂"。

雷锋精神是中华优秀传统文化的创造性转化和创新性发展。中华民族自古以来就有着悠久的文明历史和传统美德，中国人民自古以来就有着崇德向善、追求真理、积德行善、奋发向上、团结互助的优良品质。雷锋精神包含的对共产主义的理想信念、为人民服务的价值追求、创新创业的进取精神等，深深根植于中华优秀传统文化。比如，雷锋精神的内涵与中华文化蕴含的"天下为公、世界大同"的理想信念，儒家经典记载的"老吾老以及人之老，幼吾幼以及人之幼"的价值理念，《周易》记载的"革，去故也；鼎，取新也"和《礼记》记载的"苟日新，日日新，又日新"等遥相呼应。显然，中华优秀传统文化是雷锋精神的深厚文化底蕴，为雷锋精神提供文明基因。

雷锋精神是中国共产党人精神谱系的重要组成部分。雷锋精神生成于中国共产党领导人民进行社会主义革命和建设年代，并在社会主义革命、建设、改革中创新发展。回望雷锋精神 60 多年发展史，我们可以清晰透视中国共产党人精神谱系的历史脉络。雷锋精神之所以赢得代代敬仰、代代弘扬、代代传承，之所以有如此绵长、如此蓬勃、如此伟大的生机活力，是因为它深受红色革命文化的浸润滋养。一定程度上说，欣欣向荣、万象更新的新中国现实情境召唤雷锋精神出场，热火朝天、轰轰烈烈的社会主义建设推动雷锋精神铺展，积极向上、热爱劳动的人民群众投入生产发展需要雷锋精神助力。正是在这样的时代情境下，雷锋精神展现了对中国共产党、对新中国、对社会主义的无限热爱，体现着伟大建党精神的思想和文化引领功能。

雷锋精神是社会主义核心价值观的生动体现。任何一个国家、民族的历史演进、文明进步、发展强盛，都不是一个人、一代人完成的，而是需要"无数互相交错的力量，有无数个力的平行四边形"[①]的"合力"来实现，"需要很多力量来推动，核心价值观是其中最持久最深沉的力量"[②]。进一步说，"社会主义核心价值观是当代中国精神的集中体现，凝结着全体人民共同的价值追求"[③]。在马克思主义理论指引下并立足中国大地形成的雷锋精神，其蕴含的理想信念是社会主义核心价值观的生动体现，因此能够在人民思想和心灵深处的精神世界中长期稳定下来，成为人民共同遵循和维护的行为准则，从而发挥文化引领和价值引领功能。

雷锋精神高度契合中国特色社会主义文化，其文化功能为丰富人民精神世界铸魂塑形。雷锋精神的文化功能是意识形态和人民价值观的具体反映，深刻体现了马克思主义在意识形态领域的指导地位，蕴含着以人民为中心的价值内核，深刻反映着中国特色社会主义文化的丰富内涵和实践要求。因此，雷锋精神可以帮助人民在精神世界中树立坚定的理想信念，形成无私奉献精神、爱岗敬业精神、进取创新精神、艰苦创业精神。

---

① 马克思恩格斯选集：第4卷[M].北京：人民出版社，2012：605.
② 从小积极培育和践行社会主义核心价值观——在北京市海淀区民族小学主持召开座谈会时的讲话[N].人民日报，2014-05-31（1）.
③ 习近平.论党的宣传思想工作[M].北京：中央文献出版社，2020：11.

我们要把雷锋精神融入人民的生产方式、生活方式、思维方式、情感方式之中，进而转化为人民群众的情感认识和行为习惯，从而发挥雷锋精神对人民的文化引领作用，进而"不断丰富人民精神世界、增强人民精神力量"[①]，为推进中国式现代化提供精神支撑。

大众普遍认同

马克思主义是为人类求解放的理论，人民性自然是其鲜明特征，大众化又是人民性这一鲜明特征的具体表现。列宁曾经对马克思主义与大众化的关系作了经典的概括："最高限度的马克思主义＝最高限度的通俗化。"[②]雷锋精神作为在马克思主义旗帜下生长出来的一种精神、信仰，同样也体现了马克思主义关于人民性的根本属性和大众化的具体表现。先进的思想理论一经为群众所掌握，就立即变成认识世界、改造世界的物质力量。同样，雷锋精神作为一种先进的精神、一种先进的信仰，一经为群众所掌握，同样也变成认识世界和改造世界的强大物质力量。

按照马克思主义的逻辑，现代化的本质，归根到底是人的现代化。也就是说，人的现代化是现代化的前提和归宿。尽管现代化体现着一个国家或民族的全体人民运用现代科学技术，改造本国或本民族人民生存的物质和精神世界的过程，但所有

---

① 习近平. 论党的宣传思想工作［M］. 北京：中央文献出版社，2020：43.
② 列宁全集：第36卷［M］. 北京：人民出版社，1959：467.

的物质的、精神的改造，归根到底都是以促进人的全面发展为根本目标的。马克思和恩格斯在《共产党宣言》中预言：在未来的新社会，"每个人的自由发展是一切人的自由发展的条件"①。他们特别强调"每个人"这一术语表达，并将其作为"一切人"的前置条件和最终归宿，深刻阐明了把每个人的自由发展放在首位的基本原理。"每个人"意义上的人民，是具体的、现实的，"一切人"意义上的人民，在范畴上是一个集合体概念的广大人民群众。换句话说，只有实现了具体的、现实中的每一个人的自由发展，才能实现国家层面的全体人民的自由发展。这样，每个人的现代化得以促进，全体人民的现代化就自然得以促进。具有社会主义性质的中国式现代化，根本目的是促进人的全面发展，因而必然要求实现人民在物质层面和精神层面的自由发展。所以，中国式现代化要求丰富人民精神世界，就必须使每个人都能有获得丰富精神世界的权利和机会，从而实现丰富"每个人"的精神世界的目标。由此可见，能成为丰富人民精神世界的这种精神，必须具有大众性特征，得到大众认同，满足每一个人精神世界的需求。

雷锋精神能够被大众认同，因而能够丰富人民精神世界。雷锋精神能够超越历史时空、经历时代变迁、适应社会现实、走进大众生活、构建良好社会风尚、赢得大众认同，因而潜移默化地影响着一代又一代人民的理想信念，形塑着一代又一代

---

① 马克思恩格斯选集：第 1 卷 [M]. 北京：人民出版社，2012：422.

人的价值灵魂,支配着一代又一代人的行为方式,感染着一代又一代人的心灵世界。60多年群众性学雷锋实践活动的群体不同、内容不同、形式各异,不受国家、民族、地区的限制,不受行业、职业、领域的限制,也不受性别、年龄、文化的限制,历史地印证了"雷锋精神、人人可学,奉献爱心、处处可为"①。显然,雷锋精神根植于人民群众,由人民群众弘扬、人民群众传承、人民群众转化、人民群众创新,证明了雷锋精神赢得了广大人民群众的认同。雷锋精神是通俗易懂的,既能被"每个人"所接受、所认同、所转化,又能反映人民大众的世界观、人生观、价值观,因而具有大众性特征。进一步阐释,雷锋精神所包含的共同理想、政治信念、价值选择、进取意志、艰苦创业、奋斗创新等,都应当是"每个人"精神世界的必备内容。所以,正是由于雷锋精神具有大众性特质,它才能够成为人民日用而不觉的价值观念,才能随时转化为人民的生产、生活、思维、情感方式,才能成为丰富"每个人"精神世界的重要内容。雷锋精神也因此而形成深厚的历史基础和群众基础,从而深深扎根于人民精神世界中。

转化物质力量

雷锋精神作为观念形态的上层建筑,具有理论的实践性特质。它不是书斋里的精神,而是"活的行动理论",是"人的

---

① 习近平总书记给"郭明义爱心团队"的回信 [N]. 人民日报,2014-03-05(1).

实践活动"，必须经由人民群众物质生产活动，经历实践转化，才能为群众所掌握，转化为改造世界的物质力量。马克思指出："从前的一切唯物主义（包括费尔巴哈的唯物主义）的主要缺点是：对对象、现实、感性，只是从客体的或者直观的形式去理解，而不是把它们当做感性的人的活动，当做实践去理解。"[①] 人民的精神生产离不开物质生产实践，总是受制于物质生产实践的"纠缠"。因为"一定的文化是一定社会的政治和经济在观念形态上的反映"[②]，所以精神生产也总是伴随着物质生产的发展而发展。进一步说，精神生产并不是凌驾于物质生产实践活动之上的，而是必须经由物质生产实践活动，才能完成其使命。这就意味着，用雷锋精神丰富人民精神世界，必须经由、借助、依附于物质生产实践活动这一中介过程才能实现。

当我们按照马克思的逻辑理解雷锋精神时就会发现，雷锋精神是实践的。60多年学雷锋实践活动，历史地再现了人民群众学雷锋、做雷锋的客观存在，生动地刻画了人民如何把雷锋精神融入自己的生产方式、交往方式、思维方式、情感方式之中，体现了人民群众如何把雷锋精神转化为自己的具体实践活动，如何把雷锋精神转化为在社会主义建设、改革开放和社会主义现代化建设、新时代坚持和发展中国特色社会主义中的强大精神力量。雷锋精神是60多年来我们党在坚持和发展社会主义的伟大实践中形成的重要精神，也是60多年来人民群众践行

①马克思恩格斯选集：第1卷［M］.北京：人民出版社，2012：133.
②毛泽东选集：第2卷［M］.北京：人民出版社，1991：694.

社会主义核心价值观的生动实践，更是人民在物质生产实践中谱写的一曲大爱无疆、无私奉献、创新创造、锐意进取的文明赞歌。在 60 多年学雷锋实践活动中，广大人民群众把雷锋精神转化为坚定理想信念、引领价值航向、锤炼道德品格、推动现实工作的强大力量。这显然提示了雷锋精神的实践性特点。因此，雷锋精神力量需要化育涵养、充分激发，但只有在生动实践中真切地转化，雷锋精神才是一种现实的力量；反之，雷锋精神的力量也锤炼、砥砺于生动实践中。

可以看出，雷锋精神在实践中传承和发展，能够在现实转化中丰富人民精神世界。雷锋精神恰恰是在人民群众的实践活动中得以丰富、发展、传承和弘扬的，已经成为人民群众的实践自觉、道德自觉、价值自觉、行动自觉。正如习近平总书记指出："我们既要学习雷锋的精神，也要学习雷锋的做法，把崇高理想信念和道德品质追求转化为具体行动，体现在平凡的工作生活中。"[①] 这深刻地阐明了雷锋精神具有实践性特征，揭示了人民群众在实践中学雷锋、做雷锋，在现实转化中弘扬雷锋精神、传承雷锋精神。当前从国际形势看，我们仍然面临着"世界怎么了，我们怎么办"的世界之问，正处于大变局大变革大调整的百年变局中；从国内形势看，我们仍然面临很多改革发展稳定、内政外交国防、治党治国治军难题，正处于民族伟大复兴不可逆转进程中。我们会遇到形态多样、变化多端、动态

---

① 习近平 . 党的伟大精神永远是党和国家的宝贵精神财富 [J]. 求是，2021（17）：11.

复杂的新挑战，这就要求我们必须进行具有许多新的历史特别的伟大斗争。进行伟大斗争需要雷锋那种"对待同志要像春天般的温暖，对待工作要像夏天一样火热，对待个人主义要像秋风扫落叶一样，对待敌人要像严冬一样残酷无情"[①]的斗争精神。因此，雷锋精神不是自然自发的，而是客观实践需要的。我们需要在实践中把雷锋精神转化为精神力量。实践没有止境，雷锋精神生产就没有止境。雷锋精神源于实践，在人民群众的物质生产实践中得以丰富和发展，因而能够在现实转化中丰富人民精神世界。

回应时代呼唤

马克思指出："理论在一个国家实现的程度，总是取决于理论满足这个国家的需要的程度。"[②] 诚然，一种精神在一个国家的实现程度，也取决于这种精神满足这个国家需要的程度。当今时代正经历世界百年未有之大变局和中华民族伟大复兴战略全局，整个人类社会进入深刻动荡变革期，正在加速演变，人类社会正经历着前所未有的挑战。面对"两个大局"，回应时代之问，既需要政治、经济的力量，也需要文化、文明的力量。雷锋精神作为中国共产党人精神谱系的重要部分，作为亿万百姓的价值取向，作为人类道德文明的崭新形态，其内涵博大精深，自然合乎逻辑地成为回应时代之问的一种精神。雷锋精神

---

① 雷锋全集 [M]. 北京：华文出版社，2012：15.
② 马克思恩格斯选集：第 1 卷 [M]. 北京：人民出版社，2012：11.

尽管是以雷锋的名字命名，以雷锋的精神为基本内涵，但它又是在实践中不断丰富、不断发展、不断被赋予新的内涵的精神。显然，雷锋精神具有与时俱进的开放的理论品质，总是随着实践发展和认识深化不断地向前发展。雷锋精神正是基于时代性特质，才能不断回应时代呼唤，满足人民精神世界需要。

推进全体人民共同富裕呼唤雷锋精神。习近平总书记指出："我们所说的共同富裕是人民群众物质生活和精神生活都富裕。"[①] 共同富裕是中国特色社会主义的本质要求，是中国式现代化的重要特征。中国特色社会主义的根本制度、基本制度、重要制度，决定了丰富人民精神世界的精神，其方向必然是中国特色社会主义文化。雷锋精神是中华优秀传统文化的创造性转化和创新性发展，熔铸于中国共产党团结带领人民在 100 多年奋斗中创造的革命文化，根植于社会主义先进文化，契合社会主义建设规律。由此可见，全面建设社会主义现代化文化强国、推进全体人民精神生活共同富裕呼唤雷锋精神。

满足人民日益增长的美好生活需要呼唤雷锋精神。新时代我国主要矛盾是人民日益增长的美好生活需要和不平衡不充分的发展之间的矛盾。这是推进各项工作和确定中心任务的战略基点。人民日益增长的美好生活需要，既有物质层面的需要，也有精神层面的需要，既要解决物质领域的不平衡不充分发展问题，也要解决精神领域的不平衡不充分发展问题。我们通过

---

① 习近平谈治国理政：第 4 卷［M］.北京：人民出版社，2022：142.

把雷锋精神包含的信念能量、大爱胸怀、忘我精神、进取锐气，转化为新时代广大人民群众在干事创业中敢为、敢闯、敢干、敢首创的拼搏奋斗力量，从而让今天的中国人民精神丰盈。

克服资本主义现代化弊端呼唤雷锋精神。现代化发端于西方资本主义国家，在相当长时期一直处于主导地位，对促进科技进步、生产力发展、资源优化配置、人民物质生活改善等做出巨大贡献。但是，以物质主义膨胀、两极严重分化、生态环境恶化、对外扩张掠夺为特点的资本主义现代化弊端愈来愈凸显，使一些拜金主义者、利己主义者、机会主义者野蛮生长。要克服资本主义现代化弊端，发挥资本作为重要生产要素的积极作用，使资本服务于中国式现代化的伟大事业。规范和引导资本健康发展，除了用法律、制度的"硬"约束，还要用道德、精神的"软"约束。雷锋那种"把有限的生命投入到无限的为人民服务之中去"的"我将无我"境界，正是共产党人无私奉献的生命本色。雷锋精神帮助人民在市场经济条件下克服物质主义、利己主义，崇尚人民至上、利他行为。

凝聚中华民族伟大复兴的精神力量呼唤雷锋精神。习近平总书记指出："一个民族的复兴需要强大的物质力量，也需要强大的精神力量。"①人民群众是历史的创造者，实现中华民族伟大复兴需要全体人民相互作用的合力。以中国式现代化全面推进中华民族伟大复兴，比以往任何时候都更加需要价值引领、文

---

① 习近平.论党的宣传思想工作［M］.北京：中央文献出版社，2020：96.

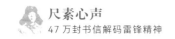

化滋养、精神支撑。雷锋精神体现的那种"一颗钉"的爱岗敬业精神、"一滴水"的无私奉献精神、"一团火"的团结友爱精神、"一块砖"的刻苦钻研精神、"一片叶"的感恩精神……启迪人民群众把小我融入大我，把个人力量汇聚成集体力量，自觉、甘愿地做民族复兴的践行者、贡献者。以中国式现代化实现中华民族伟大复兴，呼唤更多时代楷模，呼唤更好把雷锋精神转化为民族复兴的精神动力。实现这一重要前提，就要用雷锋精神丰富人民精神世界。

人民群众的传承弘扬

从毛泽东同志题词"向雷锋同志学习"到习近平总书记在参观抚顺市雷锋纪念馆时指出"我们既要学习雷锋的精神，也要学习雷锋的做法，把崇高理想信念和道德品质追求转化为具体行动，体现在平凡的工作生活中，做出自己应有的贡献，把雷锋精神代代传承下去"，这项全国乃至全世界的群众性学习雷锋实践活动如火如荼开展了60多年，生动展现了新中国思想道德建设的成功实践，创造了新中国乃至人类文明道德史上的光辉奇迹。作为中国共产党人精神谱系的重要组成部分，雷锋精神是对中华美德的继承和发展，是标注时代的精神坐标，是全人类共同的精神财富。进入新时代，广大人民群众要持续深入传承和弘扬雷锋精神，把雷锋精神代代传承下去。

一代又一代的"活雷锋"产生于人民群众之中

雷锋精神作为一个精神体系，不仅体现了雷锋本人的高尚品德和精神追求，更在广大人民群众的生产生活中获得了创新发展。"雷锋"已远远超出个人称谓，也远远超出他所生活的时代。马克思主义认为，人民群众是历史的创造者、社会物质财富和精神财富的创造者以及社会变革的决定性力量。马克思、恩格斯指出，"思想、观念、意识的生产最初是直接与人们的物质活动，与人们的物质交往，与现实生活的语言交织在一起的。人们的想象、思维、精神交往在这里还是人们物质行动的直接产物。表现在某一民族的政治、法律、道德、宗教、形而上学等的语言中的精神生产也是这样"①。这就表明，精神生产来源于人们的物质生产活动，受物质生产所制约，并且随着社会实践的发展而发展。雷锋精神来源于雷锋和广大人民群众的社会生产实践，雷锋精神传承和弘扬于广大人民群众的实践之中。60多年来，人民群众在实践中弘扬雷锋精神，激发自我道德建设热情，倡导文明社会新风，推动社会诚信建设，提升社会道德水平，促使自己成为中华传统美德、社会主义道德规范、良好社会风尚的践行者，涌现出一代又一代、千千万万个"活雷锋"。这些"活雷锋"以雷锋同志为榜样，以雷锋精神为精神动力，把雷锋精神融入自己的生活实践，从而使雷锋精神在其生产方式、生活方式、思维方式、情感方式中发扬光大，促使他们坚持为群众做实事、办好事、解难题。

人民群众的传承昭示雷锋精神永恒密码

中国共产党来自人民、植根人民，始终坚持一切为了人民、

---

① 马克思恩格斯选集：第1卷 [M]. 北京：人民出版社，2012：151—152.

一切依靠人民。雷锋精神是中国共产党人精神谱系的重要组成部分，60多年来，广大人民群众用各种形式不断传承和弘扬雷锋精神，开展不同主题的学雷锋活动，以冠名"雷锋"的学校、公园、街路、社会组织来纪念，等等，无论人们对雷锋精神以何种内容、何种方式传承，都离不开人民群众这个主体。植根人民、依靠人民，雷锋精神实现了从辽宁走向全国、从遍布全国到全世界的传承和弘扬历程，雷锋已从一个名字成为中国精神的文化符号、人民群众的道德楷模、2亿多志愿者的共同称号、名扬世界的国家名片。人民群众在传承雷锋精神的历史进程中超越了时间和地域上的限度，不仅让雷锋精神对中国乃至世界产生深远影响，而且使雷锋精神发展为具有世界意义的人类文明形态。

雷锋精神只有汇入人民群众的大江大河之中，才能奔腾不息、气势磅礴。正如毛泽东同志指出，"代表先进阶级的正确思想，一旦被群众掌握，就会变成改造社会、改造世界的物质力量"①。如果离开人民群众的实践，无论多么伟大崇高的精神都会失去生机活力。60多年来，雷锋精神之所以能历久弥新，离不开广大人民群众及其社会生产活动。广大人民群众不断把雷锋精神融入社会主义革命、建设和改革的伟大实践，不断转化为热爱党、热爱祖国、热爱社会主义的崇高理想和坚定信念，转化为服务人民、助人为乐的奉献精神，转化为干一行爱一行、

① 毛泽东文集：第8卷［M］.北京：人民出版社，1999：320.

专一行精一行的敬业精神，转化为锐意进取、自强不息的创新精神，转化为艰苦奋斗、勤俭节约的创业精神，为实现中华民族伟大复兴提供了强大的精神力量。新时代我们要继续发挥广大人民群众的主体力量，传承和弘扬雷锋精神，坚定理想信念，凝聚大爱能量，艰苦奋斗、勇于开拓，不断推进党和国家的各项事业顺利开展。

雷锋精神在人民群众的实践创新中永葆魅力

雷锋精神产生于特定的时代，但也超越特定时代成为每个时代人们汲取养分的精神高地，并且随着时代发展而被不断赋予新的含义。恩格斯指出，"每一个时代的理论思维，包括我们这个时代的理论思维，都是一种历史的产物，它在不同的时代具有完全不同的形式，同时具有完全不同的内容"[1]。雷锋精神是中华优秀传统文化与红色革命文化、社会主义文化的结合，是社会主义核心价值观的生动体现。雷锋精神作为亿万人民群众的价值取向，随着时代变化和人民群众的伟大实践而不断丰富和发展，内涵丰富、影响深远。60多年来人民群众学习、研究、传播、弘扬雷锋精神的生动实践有着鲜明的时代印记，人民群众创新学雷锋活动方式，彰显着不同时代人民群众对雷锋精神的渴望和呼唤。

从社会主义建设时期的孕育与形成，到改革开放和社会

---

[1] 马克思恩格斯选集：第3卷［M］.北京：人民出版社，2012：873.

主义现代化建设时期的成熟与发展，再到中国特色社会主义新时代的守正与创新，雷锋精神不断被赋予新的时代内涵、彰显新的时代特征。历史和现实充分证明，我们必须紧跟时代之需、人民之需、实践之需，创新发展雷锋精神，使雷锋精神更具历史穿透力、时代感召力、情感震撼力、文化感染力，永葆魅力。

由此可见，尽管雷锋精神是以雷锋的名字命名的，但作为一个发展着的精神体系，雷锋精神的创造者不仅仅就是雷锋个人，而是数以亿计的一代又一代"活雷锋"们，归根到底雷锋精神是人民群众创造的。

回望历史、审视现实、展望未来，我们深切地感受到，60 多年来雷锋精神不仅没有因雷锋牺牲而终结、没有因地域限制而衰落、没有因时代发展而过时，反而在 21 世纪的今天更加历久弥新、更加朝气蓬勃、更加异彩纷呈、更加熠熠生辉，印证了"雷锋精神永不过时"。

距离这种精神生成源头的时间越久远，这种传统美德就越能发扬光大。传统美德并不是一尊不动的石像，而是生命洋溢的，有如一道洪流，离开它的源头越远，它就膨胀得越大。尽管这个传统美德的内容是精神世界所产生出来的，但这种传统美德并不是原地静止、站立不动的。作为传统美德的精神在传承进程中，不是"忠实"地保持着它的"原貌"，也不是丝毫不变地把"原貌"传给后代，而是人民群众在传承进程中，将这种传统美德进行一种自发、自觉的理性创造，使这种经过人民

群众创造后的传统美德，更加适应当时的时代背景和社会发展
需要。这样，就使经过历史淬炼后的传统美德具有更加强大的
生命力，深刻地影响着人民的精神生活。

结语

    60多年来，全世界人民群众致"雷锋班"的47万余封书信，印证了雷锋精神具有实践性、普遍性、时代性、永恒性的特征，揭示了雷锋精神是人民群众合实践性、合目的性、合规律性、合时代性的伟大创造这一亘古不变真理。作为一种传统美德，雷锋精神历经半个多世纪的风雨冲刷，穿越峥嵘岁月的浩荡洪流，并没有因时代变迁而褪色、凋谢，反而更加绚丽多彩、永放光芒，展现出强大的生机活力。雷锋精神不仅是中华民族道德传统中的璀璨花朵，也是人类道德文明中的崭新形态。

    我们应当把中华民族伟大复兴的梦想与中国特色社会主义共同理想统一起来，继续激发广大人民群众传承和弘扬雷锋精神的历史主动，在回答中国之问、世界之问、时代之问、人民之问中，继续创新和发展雷锋精神，让雷锋精神更具历史穿透力、时代感召力、情感震撼力、文化感染力，继续激发广大人民群众的历史伟力，掌握历史主动，不断创造着雷锋精神，为人类文明大厦奠定坚实的道德基石，让雷锋精神在人民群众中蔚然成风，让雷锋精神的红色种子在人世间不断绽放出美丽花朵，汇聚起以中国式现代化推进中华民族伟大复兴的强大精神力量。

习近平总书记指出，"我们既要学习雷锋的精神，也要学习雷锋的做法，把崇高理想信念和道德品质追求转化为具体行动"。新时代新征程上，我们向雷锋同志学习，进一步继承和弘扬雷锋精神，把雷锋精神代代传承下去，从雷锋精神中汲取营养和力量，为全面建设社会主义现代化国家、实现中华民族伟大复兴提供强大精神动力和丰厚道德滋养。

"雷锋班"收到的来自世界各地人民的 47 万余封来信，从历史和现实的视角，有力回应了为什么雷锋精神成为中国社会风尚的一个标志、为什么雷锋精神在这片热土上传承了半个多世纪依然朝气蓬勃的历史之问、时代之问和未来之问。47 万余封来信印证了雷锋精神的传承轨迹，书写了雷锋精神永恒的真谛。

来信内容蕴含雷锋精神永恒的核心要义

雷锋精神是中国共产党人精神谱系的重要组成部分，其核心内容为全心全意为人民服务、助人为乐的奉献精神，干一行爱一行、专一行精一行的敬业精神，积极进取、自强不息的创新精神，艰苦奋斗、勤俭节约的创业精神等。"雷锋班"收到的 47 万余封来信时间跨度长、内容广泛，不仅有表达求助、感谢、赞美等内容，也有表达热爱党、热爱祖国、热爱社会主义、热爱人民的内容，鲜活还原了人民群众怎样学习雷锋的精神、

怎样学习雷锋的做法、怎样把崇高理想信念和道德品质追求转化为具体行动、怎样在平凡岗位上做出自己应有的贡献、怎样把雷锋精神代代传承下去的历史实践。从马克思主义唯物史观角度来看，这些来信不仅再现了半个多世纪以来人民群众在社会主义革命和建设时期、改革开放和社会主义现代化建设新时期、中国特色社会主义新时代开展学雷锋、做雷锋的现实活动，而且反映出人民群众对雷锋精神高度认同、传承、弘扬的理论自觉、实践自觉、价值自觉。47万余封来信的内容，生动体现社会主义核心价值观的时代要求，蕴藏人民群众创造历史的伟大力量，展现出弘扬中华优秀传统文化和传承中国共产党红色基因的精神密码，深刻蕴含着雷锋精神永恒的核心要义。

来信构成赋予雷锋精神永恒的生命逻辑

习近平总书记指出，"生命有限，很多英雄模范人物崇高精神的形成过程也是有限的，但形成了一种宝贵精神财富，是一个永恒的定格"。雷锋精神之所以永恒，归根结底在于其自身强大的生命力。47万余封来信的构成展现雷锋精神永恒的生命逻辑。从来信属地看，信件有来自东方社会主义国家的，也有来自西方资本主义国家的；从来信形式看，有急需帮助的鸡毛信，有需要破译的盲文信，也有漂洋过海的国际信件；从来信语种看，有汉语和少数民族语言，也有英文、法文等其他国家语言；从来信国别看，有来自中国的，也有来自世界各地的；从来信内容看，有多达100多页信纸的长篇内容，也有仅有几个字的短篇内容；从来信对象看，有工人、农民、学生、解放军战士、维和官兵、职员、科学家等个人，也有医院、学校、银行、邮政局、居委会、企业、社会团队等社会组织。

47 万余封来信多维度立体化展现全世界人民对雷锋精神的认同、敬仰、呼唤，再现了人民群众学习、弘扬、践行雷锋精神的伟大实践活动，是一部客观呈现雷锋精神被代代传承的鲜活历史档案，表现出人民群众是社会精神财富的创造者，彰显着中国人民乃至世界人民向善向上向美的精神追求。47 万余封来信雄辩地证明，雷锋精神并没有因时代变迁而失色，反而历久弥新，雷锋精神已经成为民族精神和时代精神的重要组成部分。

来信思想展现雷锋精神永恒的历史伟力

习近平总书记指出："人无精神则不立，国无精神则不强。精神是一个民族赖以长久生存的灵魂，唯有精神上达到一定的高度，这个民族才能在历史的洪流中屹立不倒，奋勇向前。"47 万余封来信所蕴含的精神，映射出雷锋精神的真理性、实践性、普遍性、开放性、历史性、时代性特征，展现出人民群众学习雷锋精神的理论自觉、政治自觉和行动自觉，揭示了雷锋精神永恒的本质规律。47 万余封来信中的高频词有"雷锋""人民""学习""共产主义""社会主义""中国特色社会主义""榜样""事业""奉献"等，这些高频词书写了爱国主义精神，对党忠诚、不负人民的精神，全心全意为人民服务的爱民精神，

铸就了"人的生命是有限的，可是，为人民服务是无限的，我要把有限的生命，投入到无限的为人民服务之中去"的无私奉献精神，展现了"毫不利己、专门利人"的共产主义精神，见证了中国人民和中华民族在改造中国、改造世界的拼搏中迸发出排山倒海的历史伟力。

历经半个多世纪的47万余封来信，其精神实质印证了中国共产党全心全意为人民服务的根本宗旨，体现了坚持一切为了人民，一切依靠人民的根本政治立场，展现出集体主义精神、爱国主义精神和改革创新的时代精神。雷锋精神来源于中华优秀传统文化，熔铸于党领导人民在革命、建设、改革中创造的革命文化，植根于中国特色社会主义文化的特殊属性，契合中国共产党执政规律、社会主义建设规律、人类社会发展规律而永恒。

来信内涵标注雷锋精神永恒的时代坐标

习近平总书记指出，"我们党之所以历经百年风华正茂、饱经磨难而生生不息，就是凭着那么一股革命加拼命的强大精神"。雷锋精神是党和国家宝贵的精神财富，要不断结合新的时代条件发扬光大，因为"任何一个民族都需要有这样的精神构成其强大精神力量，雷锋精神无论时代发展到哪一步都不会过时"。半个多世纪以来，雷锋精神代代相传，已经深深融入我们党、国家、民族、人民的血脉之中，成为中国共产党人精神谱系必不可少的一部分。47万余封来信意义重大，每一封信都真实再现了致信人学雷锋、做雷锋的历史活动，充分印证了雷锋精神因时代发展而被赋予新内涵新特质的时代魅力。面对中华民族伟大复兴战略全局和世界百年未有之大变局，雷锋精神是指引我们奋勇前进的强大精神动力，我们要用雷锋精神滋养自己、激励自己，把崇高理想和道德品质追求转化为平凡工作生活中的具体行动。我们必须传承好、发扬好雷锋精神，赓续红色血脉，使之转化为全面建设社会主义现代化国家、实现中华民族伟大复兴坚不可摧的强大力量。

新时代新征程上，雷锋精神引领人民在世界百年变局和民族复兴全局中进一步坚定中国特色社会主义道路自信、理论自信、制度自信、文化自信，引领人民在资本主义和社会主义两种制度较量中爱党、爱国、爱社会主义，引领我们在西方式现代化和中国式现代化两种现代化并进中拓展和推进中国式现代化，引领我们在社会主义市场经济条件下坚持人民至上、奉献爱心、助人为乐、创新创业，引领我们在新时代新征程上自信自立、守正创新，团结奋斗、艰苦奋斗，以中国式现代化全面推进中华民族伟大复兴。我们必须把握好新时代雷锋精神的科学内涵和精神特质，从雷锋精神中汲取营养和力量，不断用雷锋精神丰富人民精神世界，汇聚起以中国式现代化推进中华民族伟大复兴的强大精神力量。

附录

精选书信摘录

1963年1月16日，某部队井通连共青团支部全体同志：

我们也再想一想，应该怎样来写自己的历史，得到的结论也和雷锋同志一样："我要永远保持自己历史鲜红的颜色。"将自己的一生献给人类最壮丽的事业——共产主义。做一颗永不生锈的螺丝钉。

1963年3月22日，某骑兵团二连五班全体同志：

我们决心要处处以他为榜样，事事以他为标准，学习他坚持不懈的学习精神，学习他毫不利己、专门利人的高尚品质，学习他公而忘私的共产主义风格，学习他爱憎分明的阶级立场，学习他言行一致的革命精神，学习他奋不顾身的无产阶级斗志，学习他兢兢业业、勤勤恳恳的工作态度，学习他高度的党性和原则性。

1963年3月23日，山东省平度一中初二二班全体同学：

我们搜集了关于雷锋叔叔的事迹的报道和日记，我们传阅着、朗诵着、学习着，有许多同学感动得流下了热泪，激动地写下了诗篇。也有的同学摘抄了雷锋叔叔的日记，作为自己的座右铭，全班掀起了学习雷锋叔叔的热潮。

1963 年 4 月 5 日，四川省隆盛完小学金同学：

我的成绩还很不好，可是我不灰心，以后要努力。叔叔，我决心学习雷锋，努力学习，争取半期测验考好，然后在信中告诉你。

1963 年 5 月 2 日，某修理连一班：

在这青年节的前夕，我们聆听了你们的雷锋报告会，深深地启发了我们。雷锋平凡而伟大的事迹，将永远展现在我们面前，是光辉灿烂的。他的伟大事迹将使我们永生难忘。

1963 年 9 月 19 日，河北省正定县民主街小学五三中队全体队员：

越学习越受感动，越觉得雷锋叔叔伟大，也就越激发我们向雷锋叔叔学习的决心。因此，全班同学产生了一个美好的想法：我们全班都要像雷锋叔叔一样活着，也像你们一样成为"雷锋班"。

1964 年 12 月 28 日，北京青年河北梆子剧团：

可敬的同志们，我们现在的工作，和你们比起来还差得很远，但我们有决心、有信心把工作搞好，像你们一样对革命无

限忠诚。我们一定要不断改造自己,以毛泽东思想作为我们的行动指南,以你们的模范事迹作为我们的榜样,严格要求自己,当好共产主义革命的接班人。

1965 年 4 月 5 日,吉林省长春市育林小学于同学:

敬爱的"雷锋班"全体叔叔,我们向你们全班叔叔保证,像雷锋那样,做一个高尚的人,纯粹的人,脱离低级趣味的人,做有利于人民的人,做一个永不生锈的螺丝钉,做一个现代的名副其实的"雷锋",最后希望你们给我们回信。

1965 年 4 月 12 日,甘肃省凉州三中三名同学:

现在我们学校再次掀起学习雷锋的运动,我们都买了《雷锋日记》,以雷锋的话来督促自己前进,现在我们还不是团员,学习也不很好,但我们正在争取入团,争取取得好成绩,我们决心处处以雷锋叔叔为榜样,遇到困难想雷锋,忘我劳动比雷锋,助人为乐学雷锋,艰苦朴素赶雷锋,要在这个运动中提高自己的思想觉悟。

1977 年 3 月 17 日,重庆市第二十一中高一四支部:

我们通过看书学习和开展向雷锋同志学习的活动,团员青年的精神面貌都发生很大的变化,全班好人好事不断涌现,每个同学都定了学雷锋创"三好"的个人规划,有决心以雷锋为榜样,发扬钉子精神,努力刻苦地学习和钻研社会主义文化科学知识。

1977 年 4 月 5 日，江苏省南京市南化公司第三中学高二 6 班潘同学：

"雷锋班"的全体解放军同志们，我向你们表决心，认真向雷锋同志学习，胸怀革命大志，把实现共产主义的远大理想作为生活学习战斗的最高奋斗目标，为革命努力学习科学文化知识，发扬顽强刻苦的钉子精神，大公无私，全心全意为人民服务，树立共产主义的世界观，做一个雷锋式的好学生。

1987 年 3 月 8 日，江苏省徐州市民主路小学五年三班全体队员：

以前在我们班里，同学之间经常发生争吵，大家好像没有和和气气说话的习惯，就我说吧，一张嘴就带着火药味，同学之间更谈不上互相帮助了，老师为这事，伤透了脑筋。在学习雷锋叔叔的活动中，我们把"对待同志要像春天般的温暖"当作自己的座右铭，教室里似乎荡起了温和的春风。

1987 年 4 月 30 日，海南省屯昌县马坡中学初一二班彭同学：

我们学校也掀起了学习雷锋的高潮，各班的同学都给没有儿女的老人挑水劈柴，做了不少好事，我们班的同学也拿出了自己的零用钱，买食品送给老人们，使老人们很高兴，他们称我们是"小雷锋"。

1987年12月9日，浙江省平湖县新仓镇中心小学雷锋中队队员：

开学以来，我们为了发扬勤俭朴素的作风，中队里，办起了小银行，每个队员把零用钱节约下来，储进了"小银行"。到目前为止中队共储八十一元六角三分，储得最多的是刘同学，她已经储了十四元二角。

1989年2月1日，辽宁省沈阳市沈河区回民小学马同学：

每年春节期间，同学们都组织起来开展拥军优属活动，为烈军属干些力所能及的活，现在我们在这样宽敞明亮的教室里学习，是和你们保卫祖国和社会治安的安全分不开的。叔叔们，辛苦了，我今后要更珍惜时间，努力学习，用最好的成绩来向你们汇报。

1990年5月2日，辽宁省抚顺市南台小学一年级五班全体同学：

我们班里每个同学都对雷锋叔叔的事迹有了不少的了解，并且也都争着向雷锋叔叔那样为同学做好事。比如同学的作业本掉在地上，就有同学主动给拾起来，还有的同学能主动帮助学习不好的同学补习功课……

1990年7月12日，辽宁省大连铁路中学郭同学：

我是班里一名学习差、纪律差的学生。这次考试成绩我四科不及格，应该留级了，别的同学都鼓励我在一年级好好读书，但我已经失去了信心，父母也对我失去了信心。所以我如果不读书了，也想当兵，为祖国的建设做出自己应有的努力，如果老师们给我机会，让我再读书，我一定好好学习，优秀的成绩向你们汇报，不辜负你们对我的希望。

1991 年 1 月 12 日，辽宁省沈阳市东北育才学校徐同学：

这一学期紧张的学习过去了，在这一学期里，我光荣地加入了中国共青团，使我在人生的道路上又前进了一步，我将在雷锋精神的鼓舞下继续前进，努力学习，为祖国四个现代化的建设努力奋斗，做一个"四有"新人。

1991 年 12 月 7 日，辽宁省抚顺市清原实验小学六年三班李同学：

我是实验小学的学生，我们的校园是一个五层高的教学大楼，全校 24 个教学班都陆续来到各楼层里，这栋大楼虽然建了很多年了，但还像新的一样，雪白的墙壁、崭新的课桌，玻璃黑板，窗明几净，光线充足，除了这些我们学校还有电脑室、舞蹈室、阅览室、自然室、标本室。阅览室里鸦雀无声，自然室里实验用品多种多样，舞蹈室里四面全是大镜子，自然室里生物标本繁多……

1992 年 7 月 14 日，辽宁省沈阳市三十八中学关同学：

我知道你们全心全意地为人民服务，把光和热奉献给了大地，从不考虑个人名利，正是因为有你们这样的好叔叔、好模范，才使我们中学生立志向雷锋叔叔学习，向你们学习。

1994 年 1 月 31 日，河南省许昌市文化街小学五年二班刘同学：

我已是五年级的学生了，所以我有一个特别的愿望，长大当解放军向雷锋叔叔一样做好事，还要保卫祖国，使人民安居乐业。妈妈经常说我这孩子不活动，没有强壮的身体，怎么当兵？难道挑你这个小干柴棍去给人家添麻烦吗？每到这时，我就噘着小嘴走进自己的小屋子里去看书了，解放军叔叔，你说我怎么才能喜欢活动呢？

1997 年 1 月 13 日，辽宁省沈阳市东北育才学校王同学：

我也很想做一个雷锋，但是正如毛泽东主席说的那样，做一件好事不难，难的是一辈子做好事，如果你们能回信，敬请告知，我将感谢百倍。我真的非常想学你们，所以三次写慰问信，我都是写给你们的，我也是一名普通的中学生，你们也是一名普通的战士，可是你们的意志是怎么锻炼出来的呢？

1997 年 1 月 21 日，辽宁省沈阳市东北育才学校张同学：

我从小就喜欢解放军，想要长大也做一名光荣的解放军，所以我现在要好好锻炼身体，努力学习，掌握知识和本领，实现自己的远大理想。半年前我们学校组织全体新生参加军训，我开始以为没有什么了不起，不就是大家在一起走走跑跑吗？可事实并不是这样，一天下来，我们的身体像散了架一样，我这才明白，做解放军的辛苦。

1998年6月27日，辽宁省本溪市广裕小学五年八班佟同学：

解放军叔叔，你们是保卫祖国的好战士，你们是人民群众的好儿子，你们是我们学习的好榜样，你们在我的心目中形象是那么伟大，你们给我们带来了幸福的生活。你们那不怕牺牲、时刻想着人民的精神会永远鼓舞我前进，有一天我会像你们一样把我自己的一切力量都献给祖国，献给人民。

2000年1月20日，辽宁省沈阳市三十八中学初二六班刘同学：

你的名字是伴我长大的。"学习雷锋好榜样，忠于革命，忠于党"这首脍炙人口的歌曲是我学会的第一支歌，从歌里我认识了雷锋，见到了雷锋精神，也就是从那时起，我懂得了，做人要正直、诚实，要有大公无私、舍己为人的品质。幼小的我在心里暗下决心，我要向雷锋叔叔学习，长大后做一个像雷锋叔叔那样的人。

2000年1月28日，辽宁省抚顺市雷锋小学二年二班全体同学：

我现在上二年级了，学习成绩很好，我们班成绩也很好，我们学校和老师一直在以雷锋叔叔为榜样，严格要求自己，刻苦学习，勤奋上进，以优秀的成绩完成自己的学业，做一名对国家对社会有用的人才。也请叔叔有时间给我来信。

2002年1月31日，辽宁省抚顺市拔萃私立学校六年一班韩同学：

从前我是一个坏学生，上课不认真听讲，而且不爱学习，做题时还马马虎虎，但是自从我们老师给我们讲了"雷锋班"的故事后，我就觉得我做的不对，我就努力改掉这个毛病，而且从此我要发奋学习，将来要用我的学习成绩来回报我的祖国。

2003年3月5日，某部队邹战士：

一位年轻的革命战士能有这样高尚的品德品质，同志们都赞叹不已。在听取雷锋故事的时候，不知有多少同志眼角不自觉地涌出热泪。雷锋，这个响亮而又熟悉的名字深深地刻在了每一位同志的心上。雷锋永远活在我们的心中，雷锋精神更是激励我们要永远当好人民群众的"雷锋"。

2007年12月27日，新疆石河子市第一小学少先队总部：

40多年来，你们始终高擎雷锋精神的火炬，让我们倍感振奋和骄傲。

2009 年 10 月 11 日，江苏省南京市雨花台区实验小学三年四班王同学：

"雷锋班"的叔叔们，雷锋的故事是我一生中用不尽的宝藏。

2013 年 1 月 14 日，河北省沧州市永济西路光明小学三一中队全体队员：

长大后也像你们一样，当祖国和人民需要时，我们也会挺身而出，贡献自己的一份力量。

2015 年 3 月 2 日，辽宁省抚顺市中心小学李同学：

雷锋的事迹有很多很多，我决心向雷锋叔叔学习他的艰苦朴素，助人为乐，愿做一颗螺丝钉的精神。在我身边，也有许许多多要帮助的人，从现在开始我要像雷锋那样，去关心别人，帮助别人，让雷锋的精神永远流传下去。我愿做您的接班人。

2017 年 7 月 31 日，北京市雷锋小学谭同学：

我在暑假期间，每天坚持学习，也随爸爸妈妈一起收看新闻，昨天我在家观看了习近平总书记参加八一建军节的阅兵仪式，我感受到了祖国的强大，军人的风采，感到作为中国人是很骄傲的。

2018 年 3 月 10 日，吉林省长春市雷锋小学四年六班阮同学：

在参加雷锋展馆解说员选拔和评比过程中，我了解到雷锋

经历了无数个艰难的日子。从苦难童年到投身建设，再到参军报国与响应伟大号召，直至光荣牺牲，我为雷锋精神所深深打动。如果我有一台时光机，真希望能与雷锋合张影呀！

2019 年 2 月 27 日，辽宁省沈阳市第二十中学 2017 级 3 班徐同学：

伟大时代孕育伟大精神，伟大精神塑造民族之魂。一个前进的时代，总有一种奋发向上的精神；一个发展的民族，总有一种积极进取的意志。传承雷锋精神，是一个民族成熟的标志，更是一场没有终点的接力。

2020 年 1 月 19 日，北京雷锋小学四年三班罗同学：

2019 年是新中国成立七十周年，这七十年对于我们的国家来说，至关重要，这七十年的风风雨雨，让我们的国家一步一步变得更加繁荣和富强。

想想现在的中国：黄河猛、长江壮、泰山雄、昆仑莽，万里山河壮丽的风景。这就是中华民族最壮观最壮美的方阵！

2021 年 3 月 5 日，辽宁省沈阳市铁西区红粉路 100-2 号永善社区区委会：

我们学雷锋，我们唱雷锋的歌，我们讲雷锋的故事，永远学不完的雷锋，永远在学雷锋的路上。

雷锋生平大事年表

⊙ 1940 年 12 月 18 日

出生在湖南省望城县安庆乡简家塘村一户贫苦农民家里

⊙ 1947 年 9 月

母亲含恨自尽，7 岁的雷锋成为孤儿

⊙ 1949 年 8 月

长沙解放，安庆乡人民政府成立，雷锋成为儿童团员

⊙ 1950 年 2 月

在土地改革中，雷锋分到耕地及一些生活用品

⊙ 1950 年 8 月

被安庆乡政府送入小学读书

⊙ 1956 年 7 月

从荷叶坝完小毕业

⊙ 1956 年 9 月

简家塘村记工员、安庆乡政府通信员

⊙ 1956 年 11 月

望城县委公务员

◉ 1957 年 2 月

　加入中国新民主主义青年团，被评为县委机关工作模范

◉ 1957 年 10 月

　望城县治沩工程指挥部通信员

◉ 1958 年 3 月

　团山湖农场拖拉机手

◉ 1958 年 11 月

　北上鞍钢，原名雷正兴改为雷锋

◉ 1958 年 11 月

　鞍钢化工总厂洗煤车间推土机手

◉ 1959 年 8 月

　到鞍钢弓长岭参加焦化厂建设

◉ 1960 年 1 月

　入伍并作为新兵代表在全团欢迎新战友大会上发言

◉ 1960 年 3 月

　运输连驾驶员，不久参加团里战士业余演出队

◉ 1960 年 7 月

　荣立三等功一次

◉ 1960 年 8 月

　被所在部队团党委树为"节约标兵"

◉ 1960 年 10 月

　荣立二等功一次

⊙ 1960 年 10 月

担任抚顺市望花区建设街小学（现雷锋小学）校外辅导员

⊙ 1960 年 11 月

经所在部队党委批准，雷锋成为中国共产党党员

⊙ 1960 年 11 月

沈阳军区工程兵党委做出授予雷锋"模范共青团员"称号的决定

⊙ 1960 年 11 月

作为立功代表在全团授奖大会上发言

⊙ 1961 年 4 月

担任抚顺市本溪路小学（现雷锋中学）校外辅导员

⊙ 1961 年 5 月

当选抚顺市第四届人民代表大会代表

⊙ 1961 年 5 月

某部运输连四班副班长

⊙ 1961 年 7 月

出席抚顺市第四届人民代表大会第一次会议

⊙ 1961 年 8 月

某部运输连四班班长

⊙ 1961 年 11 月

荣立三等功一次

⊙ 1962 年 1 月

晋为中士军衔

⊙ 1962 年 2 月

出席沈阳军区首届共产主义青年团代表会议，被选为主席团成员

⊙ 1962 年 5 月

被共青团抚顺市委评为少先队优秀校外辅导员

⊙ 1962 年 8 月 15 日

因公殉职，年仅 22 岁

后记

当一封封书信穿越时空，跨越国界，带着满满的情感与思念，最终汇聚成一股温暖的洪流时，我们方才真正明白，雷锋精神不仅是个人的崇高追求，更是人类共同的情感纽带。雷锋，一个普通的士兵，因其无私与奉献，升华为一种精神的象征、道德的符号。雷锋精神，是中国共产党人精神谱系的重要内容，是社会主义核心价值观的生动体现，已然成为全人类的道德文明形态。

本书立足于60多年来世界各地致"雷锋班"的47万余封书信资料，以习近平新时代中国特色社会主义思想特别是习近平总书记关于雷锋精神的重要论述为指导，贯通历史与现实、当下与未来，运用生动、鲜活、优美的文学语言，采取"书信原文＋文字解读"的编排方式，向读者呈现一本表达"雷锋精神何以永恒"的通俗读物。我们用书信穿起了一个个故事，穿越时空的阻隔，让雷锋精神的生命逻辑与历史伟力跃然纸上。

本书不仅是一部关于雷锋精神的通俗读物，更是一部探讨人类道德文明建设成功实践的文学作品；不仅是一本关于雷锋的书，也是一本关于人类共同道德追求的书。它运用通俗话语叙述致信人的"心灵诉说"，深入探究雷锋精神何以成为社会主义核心价值观的承载体，表征了47万余封书信在弘扬传播雷锋精神中所彰显的独特价值；它用事实说话，以情感动人，印证了"雷锋精神、人人可学；奉献爱心、处处可为""雷锋精神永不过时"，让广大读者在思想与情感上形成共鸣；它用"尺素心声"撬动心灵、塑造灵魂，为把雷锋精神代代传承下去、在广大人民群众中蔚然成风提供支撑，具有重大时代意义和社会效益。

在本书的撰写过程中，沈阳工业大学黄圆圆、王伊凡、刘淑雨参与其中、提供智慧，深以为谢。

当然，"雷锋班"47万余封书信资料作为雷锋精神研究的重要学术增长点，注定是一个"思想富矿"，对其整理和研究工作仍在继续当中，期待本书的出版能为学界深入研究雷锋精神提供一些有益参考，亦期待对全社会弘扬传承雷锋精神有所裨益。

你准备好也给雷锋写一封信了吗？

如果你写好了，欢迎拍照发给我们！